Biblioteca de Criminología

Sergio Sánchez Rodríguez
(Director)

Carlos Antonio Agurto Gonzáles
Sonia Lidia Quequejana Mamani
Benigno Choque Cuenca
(Coordinadores Generales)

RAFFAELE GAROFALO
Profesor de Derecho Penal en la Universidad de Nápoles
Ex Presidente del Tribunal Civil de Pisa
(Italia)

EL DELITO COMO FENÓMENO SOCIAL

Edición al cuidado de
Carlos Antonio Agurto Gonzáles
Sonia Lidia Quequejana Mamani
Benigno Choque Cuenca

Ediciones Olejnik

Título: El delito como fenómeno social.

Traducción de F. Lombardía Sánchez.

Primera Edición en Ediciones Olejnik: 2019.

Ediciones Olejnik
Huérfanos 611, Santiago-Chile
E-mail: contacto@edicionesolejnik.com
Web site: http://www.edicionesolejnik.com

ISBN: 978-956-392-724-5

Diseño de carátula: Ena Zuñiga

Diagramación: Hayden Méndez, yiset_mendez@hotmail.com

Impreso en Argentina 2019 Printed in Argentina

ÍNDICE

El delito como fenómeno social

Si estudiamos la sociedad como un organismo, nada impide que consideremos el delito como uno de los fenómenos patológicos que aquejan al mismo. Tal vez se haya abusado del símil de la sociedad humana con un organismo viviente. De una parte, ciertos naturalistas han deducido de la observación de la estructura de las plantas y de los animales el concepto de la asociación; de otro lado, numerosos sociólogos distinguen en la sociedad órganos semejantes a los que, en las plantas y en los animales, contribuyen a la nutrición y a la digestión, y la han adjudicado un cerebro y un sistema nervioso. Atrévanse a sostener que la vida verdadera y real no existe en los individuos, sino en el conjunto social.

A este propósito háyanse formulado espléndidas paradojas y estupendas insulseces.

Cuando Eurípides interrogaba: «¿Quién sabe si la muerte no es la vida y si la vida no es la muerte?», expresaba en forma paradójica un pensamiento filosófico bellísimo y profundo. Empero la idea, sustentada por algunos filósofos, de hurtar a los individuos la vida para donársela a la sociedad, es simplemente un absurdo. No cabe dudar que, entre un organismo y un agregado social, solo pueden descubrirse algunas analogías, y que la vida *verdadera y real* reside únicamente en el individuo.

En realidad de verdad, lo que los naturalistas denominan un organismo, no es semejante a lo que nosotros llamamos «organización social». Basta indicar, al efecto, conforme lo ha verificado Herbert Spencer, esta diferencia sustancial: el organismo individual es un centro consciente y capaz de sentir el placer y el dolor, mientras que en la sociedad hay tantos centros como individuos, y el conjunto es incapaz de sufrir y gozar.

Así, pues, cuando se dice que la sociedad humana es un organismo natural, debe entenderse que, siempre que las familias o los grupos humanos se aproximan unos a otros, impulsándoles a reunirse la común utilidad, surge necesariamente de este nexo un poder, que provee a la defensa común, impidiendo las usurpaciones y las tiranías y dirigiendo además las actividades de los individuos. Este poder se extiende más o menos, según la naturaleza de los diversos grupos sociales; pero en general, puede aseverarse que no abraza más que las actividades individuales. Todos los grupos sociales poseen organizaciones semejantes, más o menos amplias, que integran una organización compleja de todas las funciones sociales: he aquí el Estado.

Los colectivistas sueñan que todas las actividades humanas pueden ser disciplinadas en pro del interés social: la historia ofrece múltiples ejemplos de innúmeras tentativas de colectivismo: tales fueron las utopías de los legisladores filósofos, que siempre han fracasado, viviendo una vida brevísima. No podía acaecer de otra suerte, a menos de mudar por completo las inclinaciones naturales de los hombres, porque aunque estos se reúnen solamente para cambiar los productos de su trabajo y para disfrutar de la compañía de sus prójimos, quieren conservar su plena libertad de acción, deseando un gobierno nada más que en cuanto les garantiza el goce de las ganancias que han lucrado legítimamente.

En nuestros días, independientemente del Estado, las actividades individuales adoptan diversas orientaciones: si alguna vez convergen, verificarlo no en su universalidad, ni de un modo constante, sino en un número considerable de comités y asociaciones, que se rigen por reglamentos especiales, proponiéndose fines diferentes. He aquí otros organismos, si se quiere emplear esta palabra, no inclusos en el supremo organismo del Estado, pero que florecen a su lado. Por esto, cuando se intenta aplicar por analogía a la sociedad el concepto naturalista del organismo, no se debe hablar, en ningún caso, del *organismo social*, sino mejor de los *organismos sociales*. Muy cierto que el Estado comprende la sociedad entera, pero indudable también, conforme hemos advertido antes, que no puede ejercitar más que algunas funciones sociales.

Notemos ahora, que cada una de estas diminutas asociaciones contenidas en el amplio conjunto, llamado pueblo o nación, tiene sus leyes y sus reglas, cuya transgresión procura evitar a todo trance; empero una parte de estos preceptos son comunes, porque constituyen una condición necesaria de la coexistencia social, a saber: la condición en cuya virtud los hombres pueden vivir reunidos de modo duradero y seguro. He aquí estas reglas: el respeto reciproco de la integridad de la persona, y de la libertad de cada uno en cuanto que no atenta contra la libertad ajena: esto implica que nadie debe ser turbado en su actividad pacífica, ni en el uso, que le plazca efectuar, de los objetos logrados con sus esfuerzos individuales. Tal es la idea primordial de justicia, trasformada presto en un sentimiento. He aquí asimismo el fundamento de la moral social, de la moral absolutamente necesaria a toda sociedad. El hecho que conculca este fundamento, constituye lo que se denomina *delito:* a su vez, los hechos que violan las reglas especiales de una asociación cualquiera, reciben, según los casos, los nombres de *prevaricación, incorrección, deslealtad, violación de contrato*; cuando se trata del Estado, empleamos las palabras *transgresión, revolución, delito político.*

El *delito propiamente dicho* caracterizase, en primer término, por la violación de los sentimientos más elementales de benevolencia y justicia, que brillan siempre en una sociedad humana surgida del estado salvaje. Es lo que lesiona las condiciones primordiales de la convivencia social: en este sentido lo hemos distinguido, bajo la denominación de *delito natural,* de todas las demás acciones inmorales y transgresiones, de la desobediencia y de la rebeldía a las leyes especiales de un Estado.

El Estado tiene también sus rebeldes como toda asociación particular: ahora bien, la criminalidad es la rebelión, no ya en orden al Estado, sino respecto de lo que forma la base de la moral social, es decir, en su parte universal e indispensable para todas las relaciones sociales, de cualquiera naturaleza que estas sean. En este sentido, cabe considerar la criminalidad como un fenómeno patológico de la sociedad entera.

Este concepto del delito indúcenos a reputar a los delincuentes —en tal sentido— como personas cuyo sentido moral es, o absolutamente deficiente, o atrofiado en parte, ya que los actos crueles e injustos no repugnan a su naturaleza. Son los tales hombres sin moralidad, hombres inferiores entre sus contemporáneos, en una palabra, *anormales.* Esta irregularidad puede depender de un estado patológico, como la locura, la neurastenia u otra cualquiera enfermedad o neurosis, aunque se descubre frecuentemente en personas dotadas de inmejorable salud física. Con todo, según la psicología fisiológica, deberá afirmarse siempre, *en el caso de atrofia completa del sentido moral,* la existencia de una irregularidad del organismo corpóreo —lo que se dice un *substratum*— porque la ciencia moderna negase a admitir irregularidades psíquicas independientes del organismo físico. No impugnaremos esta opinión, que reputamos inconciliable con nuestras ideas. Si bajo el modismo «estado de salud», se entiende el funcionamiento normal de todos los órganos, dicho estado puede descubrirse, en perfectísima plenitud, en un hombre de una moralidad inferior: en cuanto al *substratum,* este puede consistir en una disposición especial de las moléculas del cerebro, que no podemos, ni acaso nunca nos será fácil percibir ni determinar con nuestros medios de observación, porque probablemente jamás conoceremos la anatomía de la molécula. Esta disposición especialísima del cerebro, mientras no constituye una enfermedad, impide la formación del sentido moral o la sofoca en parte.

El delincuente representa, pues, el hombre cuyo sentido moral ha descendido hasta un grado inferior al tipo medio de la moralidad de su raza y de su pueblo, y que se encuentra en las condiciones morales de las razas inferiores o degeneradas, de las tribus salvajes privadas de los sentimientos más elementales de piedad y de honradez, y que, por el contrario, alimentan instintos crueles y rapaces. Adviértase presto que tales explicaciones no sirven para todos los delincuentes. Urge distinguir los delitos que revelan en sus autores una completa perversión moral, de aquellos otros delitos que manifiestan la persistencia de ciertos instintos propios del hombre no civilizado. En el primer caso, como acaece en los asesinatos y en los homicidios perpetrados brutalmente y con circunstancias atroces, en los delitos de mutilación, sevicia, etc., la anomalía moral no puede concebirse como permanente y orgánica: en no pocas ocasiones, depende de la herencia o del atavismo, que transforman en delito el alcoholismo, la locura y otras neurosis.

En el caso segundo, no cabe dudar que podría corregirse la deficiencia o anemia moral, ligada casi siempre con la poca sensibilidad y con un temperamento especial, si no contribuyesen a su persistencia la educación hipócrita, la tradición y los pésimos ejemplos de la propia familia, la sugestión del ambiente, la perversión de las ideas. En esta clasificación pueden catalogarse especialmente los atentados contra la propiedad en todas sus formas, desde el hurto simple hasta la falsedad. El temperamento especial, tan cacareado, es la incapacidad o repugnancia para todo trabajo continuo y honrado: lo que se denomina hoy *neurastenia moral.*

El gran problema, que ha preocupado siempre y que hoy preocupa más que nunca, consiste en inquirir si la miseria es la verdadera y única causa, directa o indirecta, de los delitos de semejante naturaleza. Decimos «de los delitos de semejante naturaleza», porque en orden a los primeros que hemos estudiado, no cabe dudar que la miseria no puede ser la causa determinante: hallase comprobado plenamente que, entre los grandes asesinos cuyo recuerdo conserva la historia, figuran personas pertenecientes a todas las clases sociales, desde la más alta a la más baja.

Respecto de los delitos caracterizados por el elemento de la falta de honradez y no por el de la crueldad, los socialistas pretenden hoy, como acaeció en los tiempos antiguos —según el testimonio de Aristófanes en su *Asamblea de las mujeres*—, que la desigualdad de bienes no es la única causa, directamente por el impulso de la necesidad, o indirectamente por la degeneración y el defecto de la educación, que, derivándose de la miseria, sofoca los buenos sentimientos de las clases inferiores. Ahora bien, en oposición a tamaño aserto, la estadística evidencia que, si las formas más vulgares de atentados contra la propiedad —como el hurto, la apropiación indebida, etcétera— son patrimonio de las clases pobres e ignorantes, el equivalente sustancial de estos delitos existe en todas las restantes clases en forma de fraude, estafa, bancarrota, etc. De aquí puede deducirse que no a determinada condición económica debe atribuirse esta especie de la criminalidad, sino más propiamente a una *condición moral especial,* es decir, a la falta del instinto de honradez, a la incuria de una buena reputación, por la que muchas personas, aun siendo debilísimo su sentido moral, abstienense de delinquir. De ningún modo cabe aseverar que el delito es el efecto de la pobreza extrema, porque los verdaderos indigentes caen en un estado de postración o de apatía que les priva así de la energía precisa para cometer un delito, como de cualquiera otro esfuerzo. Además, que la degeneración sea generalmente la secuela de la miseria, no prueba que aquélla surja de esta; antes bien, puede demostrarse lo contrario: nos sería fácil aducir numerosos ejemplos, empero habremos de limitarnos a consignar que existen pueblos, formados en su mayoría por obreros y labriegos pobrísimos, y en los que desconoce todavía el hurto: *viceversa,* los delitos contra las personas constituyen la criminalidad característica de estos mismos países.

Inglaterra, donde al lado de la última pobreza resplandece la opulencia más fastuosa, nos brinda un ejemplo elocuentísimo del nulo o ínfimo influjo de la disparidad económica sobre la delincuencia. Inglaterra, decimos, nos presenta el extraño fenómeno de una disminución progresiva y constante de la criminalidad. Esta progresión decreciente manifestase con insólito esplendor en los treinta años últimos. En los veinte años que acaban de transcurrir se han clausurado seis cárceles por falta de condenados; estos ascendían en 1789 a la cifra de 19.818, y en 1893 eran solo 12.178. No obstante, Inglaterra es la nación típica del régimen capitalista. ¿Qué replican a estos datos los criminalistas de la escuela socialista?

Indudablemente, el delito disminuye de día en día por efecto de la verdadera civilización. Primero atenuase en la forma; a la violencia suceden la astucia y la destreza; en las esferas superiores del progreso, véase también dulcificando en la cantidad.

Hemos dicho «la verdadera civilización» para indicar, así el progreso moral de un pueblo, como el progreso considerado en el orden económico y de la industria y comodidad de la vida. En opinión de Romagnosi, la palabra «civilización» no debe significar más que *moral, educación, respeto, actividad;*

en esta empresa deben colaborar eficazmente la esmerada educación de la infancia, las buenas enseñanzas de las escuelas públicas, la justicia en todos los actos de la Administración, en fin, la represión enérgica del delito. Acerca de este último extremo, conviene impugnar la idea errónea de que la mitigación continua de la pena es un signo del progreso civil: en realidad de verdad, las penas háyanse suavizadas extraordinariamente en ciertos países —por ejemplo, Italia y algunas Repúblicas de América Meridional—: por desgracia, estos países son precisamente los que mayor contingente aportan a la delincuencia; esta es, en cierto modo, en ellos, endémica.

No autoriza esto a pensar que las penas severísimas para todo lo que, en orden a la moral, constituye el *verdadero* delito, no sean uno de los coeficientes del progreso moral, y por consiguiente, de la civilización, cuando no son solo insertas en un código, sino aplicadas inflexiblemente en los juicios y actos del gobierno. También aquí podemos citar el ejemplo de Inglaterra, donde no se ha mitigado la represión ni perdonado a los homicidas; donde las cárceles no son lugares de reposo ni centros de recreo; donde el *hard labour* no es una ironía, como acaecía con nuestros *trabajos forzados*. La mitigación de la pena no puede disminuir en los pueblos el sentimiento de la gravedad del delito; no debe padecer su sentido moral porque vea que se trata con tolerancia a los delincuentes. En nuestro sentir, la falta de una represión enérgica es una de las causas principales de la persistencia de la alta criminalidad y de la delincuencia profesional en los países que, como Italia, gozan, en otros sentidos, de una civilización floreciente.

A estas pueden sumarse otras causas, que relajan o por lo menos obstruyen el progreso moral: entre ellas debemos citar la propaganda de la irreligión y de los sentimientos de odio y rebeldía contra todos los principios del orden social y moral, cuya responsabilidad comparten los anarquistas con los comunistas revolucionarios. Si este movimiento no pierde su actual carácter violento, la civilización experimentará una formidable sacudida. Empero, supongamos que la educación de la infancia y la juventud no sea perturbada por influjos malsanos, que las enseñanzas morales ocupen siempre un puesto preeminente en las escuelas; y que, por otro lado, todo lo que constituye «un delito natural» sea castigado severa é inexorablemente, ¿la civilización completará la obra?; ¿podrá desaparecer en absoluto la criminalidad? No. Así como el cuerpo humano, inficionado por la sífilis, conservará siempre un residuo, porque nunca serán destruidos totalmente los microbios del terrible mal, de igual suerte en la sociedad existirán siempre individuos de índole criminosa, casos de atavismo, de locura, de neurastenia moral, de personas refractarias a toda educación. Mas, tales casos serán raros, pudiéndose evitar fácilmente.

Confiemos en el progreso y en la civilización: ellos han realizado maravillas en el orden material; ¿por qué no han de llevarlas a cabo también en el orden moral?

Medidas que cabe recomendar al legislador para restringir el objeto de la prisión en lo que concierne a las condenas impuestas por infracciones leves

Nuestros contemporáneos han contemplado, con cierto asombro, cómo la *prisión*, considerada hasta aquí como simple medida de precaución, empleada frecuentemente para impedir la fuga de los *reclamados* mientras que llegaba la celebración del juicio y la imposición de una pena, en absoluto diferente, ha concluido por transformarse en la pena por excelencia, típica y casi única. Imposible desconocer cuán eficacísimamente han intervenido en esta revolución los prejuicios doctrinarios.

Primero, la idea de que la privación de la libertad implicaba un dolor, al cual todo el mundo debía ser igualmente sensible; luego la idea de que la civilización no podía consentir otras penas corporales; por último, la necesidad de uniformidad y simetría en todas las cosas, que ofrece, como preferible a las demás, una pena susceptible de ser graduada y dividida casi al infinito. Además, importa sumar a estas ideas las teorías correccionalistas que han visto en cada delincuente un hombre extraviado, a quien urge corregir, según se cree, por medio de la instrucción y del trabajo en las cárceles.

¿Necesitaremos decir que la experiencia ha fallado siempre a los fautores de la escuela correccionalista, y que la prisión no puede realizar ninguno de los efectos beneficiosos que se esperaban de ella?

Reconócese unánimemente hoy que la prisión es abrumadora, deshonrosa, desmoralizadora para los delincuentes que no son degenerados y que conservan un residuo de buenos sentimientos. Respecto de las naturalezas pervertidas, de los criminales empedernidos, está demostrado que la *casa de fuerza* no tiene eficacia. Más aún, es evidente que la prisión alienta al reincidente, al propio tiempo que desvanece, en quien lo ha experimentado, el temor de la ley y la vergüenza del crimen. Es, finalmente, inútil por completo a la parte lesionada y onerosa para el Estado, y constituye, en orden a la vida material, una injusticia flagrante, concediendo gratis domicilio y alimentación a los transgresores de la ley y a los hombres más perversos, mientras que personas honradísimas carecen a menudo de trabajo y protección.

La prisión no es una necesidad más que en ciertos casos: cuando un Estado ha abolido la pena de muerte y no hay en él colonias donde confinar a los criminales, la cárcel debe necesariamente figurar como el único medio de eliminación de esos malhechores, a los cuales es preciso separar de la sociedad; mas, para que ella pueda lograr este fin, precisa que el encarcelamiento sea de larga duración, de suerte que pueda anular la actividad perniciosa durante la vida del individuo, o a lo menos en un período de la vida humana, por ejemplo, en la juventud o la edad madura, lapsos a cuyo término cabe aguardar una transformación de los instintos o una diminución de su energía.

Los estudios de psicología criminal nos facilitan el medio de distinguir a los criminales que conviene eliminar, de aquellos otros que, a pesar de su delito, no han revelado una moralidad demasiado insuficiente para que su adaptación a la vida social sea reputada imposible por considerárseles totalmente desprovistos de sentido moral y abrigando instintos criminales latentes, pero siempre prontos a estallar.

Comenzando por los autores de atentados contra las personas, hay muchos que son culpables de malos tratos, lesiones, heridas, injurias, difamación, ultrajes al pudor, etc., a los cuales no se acertarla a declarar insociables, aunque su conducta, en un momento determinado, demuestre cierta moralidad inferior. Empero, si no son insociables, ¿por qué encerrarles en una cárcel durante algunos días, meses o años? No será, ciertamente, para corregirles, porque se pervertirán cada vez más. Tampoco para dar una satisfacción justísima a la parte perjudicada, porque esta solo desea que se la indemnice del mal sufrido, importándola un bledo el encarcelamiento del delincuente.

Un insolente insulta a un hombre de temperamento impulsivo, que le asesta un bastonazo, produciéndole una herida que provoca una leve enfermedad que le postra en el lecho durante un mes escaso. El culpable no es recluido en la cárcel; al cabo de varios meses se le juzga, y apreciando en su delito circunstancias atenuantes, se le condena a quince días de prisión. Además, si apela, se retrasará la ejecución de la pena. Así transcurren seis meses, quizá un año. Al término de este plazo, por un bastonazo, del que nadie se acuerda, nuestro hombre es detenido y llevado a la cárcel para cumplir su *quincena.*

En los primeros días, sentirá cierto miedo; pero presto advertirá que la estancia allí no es tan desagradable y que, en suma, vivir dos semanas en la holganza es un placer que no debe despreciarse. ¿Cuál puede ser el efecto de semejantes medidas? ¿Cesará la acometividad del temperamento impulsivo del culpable? ¿Se pensará que, si pasada la expiación, vuélvele a insultar otro desvergonzado, no repetirá el bastonazo, por acordarse de aquellos terribles quince días de prisión?

Renuncio a multiplicar los ejemplos, todavía más sugestivos, en los casos de injurias, difamación, adulterio y rapto, o de otros delitos semejantes, que cabe atribuir a la mala educación, a la ligereza, a la imprudencia mejor que a la perversión de los sentimientos.

En los delitos contra la propiedad, para los cuales la prisión es una medida en absoluto inútil, el remedio es *peor que la* enfermedad. Un abuso de confianza, hasta un robo en determinadas circunstancias, cuando el culpable no es un vagabundo ni un holgazán, sino un obrero honrado y de intachables antecedentes, no debería ser castigado forzosamente con el encarcelamiento. Indudablemente, la probidad de este individuo no es completamente diáfana; pero si ha sido impulsado por la excitación de un momento excepcional y si sus medios de existencia y el ambiente en que vive, autorizan a presumir que no reincidirá y no se transformará en un ladrón habitual, ¿por qué facilitarle la entrada en esta infamante carrera, arrojándole en una cárcel? En efecto, desde el momento en que se vea encarcelado por ladrón, desaparecerá todo resto de amor propio y comedimiento: todos conocerán su vergüenza y no habrá ninguna razón que le obligue a reprimirse en otra ocasión. En la cárcel aprenderá la tarifa del delito, convenciéndose de que puede robar de nuevo, si se somete a una corta privación de su libertad.

* * *

No cabe dudar acerca de la urgencia y eficacia de un medio represivo para cada delito, para cada infracción, grave o leve, ya sea su autor un malhechor habitual o un delincuente novicio.

Lo verdaderamente importante es indicar los procedimientos más hábiles para reparar el mal, no para agravarlo; en una palabra, los medios socialmente útiles, aunque contraríen las ideas conservadoras de nuestros juristas y de los legisladores contemporáneos.

No vacilamos en reproducir aquí las proposiciones que hemos sentado repetidamente en nuestras obras y discutido en el Congreso penitenciario de Roma, en 1885.

En nuestro sentir, podría sustituirse con enorme ventaja la prisión en numerosos delitos leves, cuyo autor no es un vagabundo, ni un reincidente, y si, por el contrario, un honrado obrero, por una doble multa: una en beneficio del Estado, otra en provecho de la parte lesionada.

La multa al Estado tendría por objeto obligar al delincuente a pagar el daño que ha causado por su mala conducta y su rebeldía a las leyes y a la moral pública. La multa a la parte perjudicada, en los atentados contra las personas, propondríase como fin mitigar la amargura de la ofensa; y en los atentados contra la propiedad, atenuar el lucro que pudiera derivarse de los abusos de confianza, las bancarrotas, las estafas y los robos. En efecto, el problema a resolver en este orden de delitos no consiste en inquirir un medio para la regeneración moral de un hombre sin probidad, lo que, en cada diez casos, en nueve es imposible, sino en persuadirle de que nada ganará robando, porque perderá irremisiblemente todo el fruto de su delito, sufriendo además una pérdida de su propio peculio. Es natural que las expoliaciones criminales, no ofreciendo al presente otros riesgos que una breve prisión, son de día en día más numerosas, porque la indemnización de los daños y perjuicios es, con harta frecuencia, una fórmula sin sentido. Solo a las leyes civiles compete valuar esos daños y perjuicios y hacer ejecutar en consecuencia sus prescripciones, facilitando de esta suerte al delincuente todo el tiempo necesario para convertir sus bienes en valores no susceptibles de embargo, o por lo menos muy difíciles de embargar; respecto del delincuente insolvente, vale más callar, porque nadie habrá de molestarle en lo más mínimo.

Conviene, pues, laborar para que se amortigüe la tentación del crimen, lo que nunca se logrará por las penas correccionales o aflictivas que dejen al delincuente la esperanza de recuperar, al cabo de algún tiempo, la libertad y disponer de sus ganancias criminales, reunidas y confiadas en seguras manos durante su encarcelamiento. Precisa que se le inculque que, si es descubierto, deberá, en forma de multa, restituir todo lo robado, hasta el último céntimo, y además satisfacer como compensación del daño y perjuicio causado a la sociedad y a la parte lesionada.

Indiquemos, por tanto, ante todo, los medios prácticos congruentes para que nadie pueda sustraerse a esta indemnización. Los estafadores y los banqueros fallidos disminuirán entonces extraordinariamente, porque no podrán enriquecerse a costa de los demás; muy al contrario, el crimen no servirá más que para empobrecerles.

En primer término, distingamos los delincuentes solventes de los insolventes. Cuando cabe presumir la solvencia, la ley debía prescribir al juez que ordenase el embargo inmediato, sin la menor dilación y hasta el momento de hacer efectivas ambas multas, una al Estado y la otra, de alguna mayor cuantía que la suma total de los daños y perjuicios, a la parte lesionada. Decimos «de alguna mayor cuantía», porque es justo que la víctima sea indemnizada en su ansiedad, sufrimiento y aun en la pérdida de tiempo aneja al delito de que ha sido blanco y al proceso que ha debido entablar. El embargo debería ser ilimitado; podría durar tanto como viviese el culpable, so pena de descubrir la insolvencia. Empero, para evitar simulaciones de indigencia, no se declararía esta sino tras de amplias y minuciosas pesquisas, que el juez podría dirigir en todos sentidos y prolongar hasta que lo considerase oportuno y necesario.

Demostrada la insolvencia, será fuerza distinguir todavía los culpables en dos categorías: la primera, formada por gentes que, con su trabajo, ganan sumas harto considerables, verbigracia, los médicos, los abogados, los pintores, los artistas en general, los periodistas, los catedráticos, industriales, jefes de banca; en una palabra, todos los que no cobran un sueldo mínimo, sino honorarios y derechos sobre las ganancias que deducen de su trabajo.

A todos estos individuos podría permitírseles que prosiguieran libremente su trabajo, a condición de depositar en una caja pública, que se denominará la *Caja de las multas*, una parte de sus ganancias valuadas de antemano, de suerte que el culpable no retuviera para él —hasta la plena extinción de su deuda— más que lo justamente necesario a su manutención, calculada bajo el tipo del salario mínimo de un obrero, sin ningún respeto a su condición social. Si defraudase la cuota acordada, deberá prendérsele y tratarle como un reincidente. Después estudiaremos este punto.

La segunda categoría se constituirá por simples obreros y criados que no ganen más que un jornal diario o mensual. Habrá de reducirse este salario a lo estrictamente necesario para las primeras necesidades de la vida (alimentación y alojamiento), con excepción de los artículos de lujo y placer, aunque estos figuren entre los habituales de la clase obrera, por ejemplo: vino, licores, periódicos, tabacos. De este modo, podrá restarse de todo jornal, por muy limitado que sea, algunos reales diarios de los que cada trabajador gasta en beber o en divertirse. Si el culpable se compromete a depositar semanalmente en la caja de las multas una pequeña suma, podrá consentírsele que trabaje libremente en su casa. Con relación a los obreros que trabajen en una fábrica, taller o almacén, deberá obligarse a la administración a retirar por sí misma del jornal la cuota destinada a la caja de multas, y en caso de ausencia o paro del obrero, a avisar inmediatamente a la autoridad.

Ahora conviene que digamos algo para el evento de que la suma de las multas exceda la posibilidad del trabajador insolvente. El trabajo manual, más asiduo y activo, jamás será suficiente para que un obrero gane varios millares de francos, singularmente si ha menester reunir esta cantidad ahorrando a diario algunos reales de su jornal.

En los delitos que no hubiesen causado más que un perjuicio moral, este punto no ofrecerá dificultad, supuesto que el juez puede tasar la indemnización teniendo en cuenta la situación económica del delincuente. Si, para castigar las injurias y calumnias proferidas por un hombre rico, se establece la multa de cien pesetas, será absurdo condenar al pago de esa misma cantidad a un mísero obrero: bastará que abone la mitad o la tercera parte, según la productividad de su trabajo y la posibilidad de que él ahorre la suma impuesta como multa.

Mas, en los delitos que causaren un daño real, valuado o valuable con precisión por el juez, importará que la sustitución de las multas por la prisión correccional no implique el efecto del secuestro perpetuo de un hombre de buena voluntad, pero incapaz de reunir la suma a cuyo pago ha sido condenado. Supongamos que se trata de una estafa de diez o veinte mil pesetas, de una quiebra por valor de cien mil pesetas.

Es, desde luego, muy extraño que, en semejantes casos, el culpable no oculte la mayor parte de sus criminales lucros. Cabe, por tanto, presumir la solvencia, a menos que, conforme hemos advertido, se pruebe que el dinero ha sido derrochado por completo. En este último caso, podrá fijarse un término medio a la duración del castigo; por ejemplo, diez o quince años, a menos que el culpable no se resista a trabajar, lo que le clasificaría en la sección siguiente.

* * *

Réstanos examinar el caso del delincuente que se negase a depositar en la caja de multas la suma a que fue condenado, o se alejara del lugar donde trabajare para sustraerse a la vigilancia.

Aquí surge más pujante la urgencia de un castigo corporal; pero no un castigo ocioso, ni improductivo, ni como el de nuestras leyes, a expensas del acreedor. Al efecto, formaríanse compañías de obreros ocupados por cuenta del Estado y empleados solo para las obras que el Estado debe realizar necesariamente, verbigracia: fortificaciones, puertos, vías férreas, galerías, dragados, etc., con exclusión de cualquier otra industria fundada expresamente para proporcionar trabajo a los penados, que hace a la industria libre una competencia injusta, perjudicándola a menudo. Utilizando a los delincuentes recalcitrantes en los trabajos más rudos y más humildes, no se produciría una baja de los salarios, porque el número inmenso de obreros que carecen de aptitudes especiales y solo pueden emplearse en faenas de fuerza, no se aumentaría más que en una proporción infinitesimal. Desde luego, el Estado debería asignar a sus operarios un jornal no inferior al tipo corriente: empero no habría de ser abonado directamente a los penados, que nada más tendrían derecho a la manutención y al alojamiento; la administración retendría el resto, dividiéndolo en dos partes: una para el pago de la multa al Estado, otra a la parte perjudicada.

Queda, sin embargo, el caso en que la parte ofendida rechazase la indemnización correspondiente. Esto podría obedecer al temor, a convenios tácitos, o a la generosidad del ofendido. Evidentemente, a nadie puede obligarse para que acepte lo que no quiere; pero cuando la multa reemplace a la pena, no cabe admitir que la represión dependa de la voluntad de la parte lesionada. Puede obviarse esta dificultad obligando al ofensor, cuya indemnización se rechaza, a depositarla en la caja de multas, cuyo fondo común aumentaría.

* * *

Por este sistema, y sin que la seguridad social padeciese en absoluto nada, podrían reprimirse numerosísimos delitos. Nos limitaremos a indicar algunos, insistiendo de nuevo en que la sustitución de las multas por la pena correccional solo debe admitirse cuando se trata de delincuentes no reincidentes, no aficionados al alcoholismo, ni conocidos por su mala conducta, ni por sus vicios, ni por su brutalidad. Debería, por tanto, ser facultativa, compitiendo al juez, en cada caso, valuar las circunstancias que autorizasen la sustitución.

He aquí, en los atentados contra las personas, los delitos para los cuales podríamos admitir esa sustitución: homicidio o heridas por imprudencia, muerte en duelo, lesiones y heridas voluntarias, pero realizadas en una riña que no se ha provocado, injurias, difamaciones, calumnia, seducción, rapto, revelación de secretos, violación de domicilio, ultrajes al pudor sin violencia, adulterio.

En los atentados contra la propiedad: los hurtos simples, las estafas, los abusos de confianza, las falsedades en escritura privada o comercial, los daños voluntarios, los incendios, las bancarrotas.

Hemos dicho que, en cada caso, debería plantearse ante el juez la pertinencia o no pertinencia de sustituir las multas por las penas correccionales. En efecto, es verdaderamente imposible prever todos los casos en que convendría aplicarla. Por ejemplo, el hecho de que un ladrón, no reincidente ni vago, pertenezca a una cuadrilla de bandidos, es un indicio revelador de instintos criminales. Ello debe bastar para no admitir dicha sustitución.

Pensamos que, en semejantes límites y bajo tales condiciones, el sistema que hemos propuesto nada atentaría contra la integridad y la seguridad social, evitando en cambio el mercantilismo y la desmoralización de las cárceles, e imprimiendo al mismo tiempo a los medios de represión incontestables orientaciones de utilidad práctica, de que hoy están ayunas en absoluto las pomposas y falsamente tituladas penas correccionales.

La «nulidad» en los juicios penales y el procedimiento de «casación»

Desenmarañadas de la retórica y de la huera palabrería, y sintetizando el problema en su expresión más simple, antójesenos que el objeto único y exclusivo de todas las instituciones de la justicia penal es determinar la culpabilidad o la inocencia de los acusados, y, en el primer caso, la aplicación de la pena congruente al delito. A estos fines deben converger las diversas normas de un buen código de procedimientos penales. En su consecuencia, todo lo que no conduce a tal objeto, debe ser reputado superfluo o peligroso, y eliminado de la legislación.

Tal acaece —lo afirmamos resueltamente— con la *nulidad* en la forma bajo que se ha establecido en nuestro código, y mejor aún en el modo como se aplica en nuestra jurisprudencia.

El objeto del juicio es, sin duda, la tutela de las partes contra la arbitrariedad, ligereza o incuria de los jueces. Es, por tanto, justo que el legislador determine con la debida precisión los derechos de las partes y las razones en cuya virtud puede declararse nulo el juicio en que aquellos se conculquen. No cabe dudar acerca de esto. Empero, el problema consiste en inquirir si conviene a los fines últimos de la justicia penal el sistema de nuestro código que prescribe la anulación del juicio en caso de inobservancia de alguna formalidad y a despecho de la aquiescencia de las partes: y que se mencione en el juicio verbal *so pena de nulidad* cualquiera incumplimiento de otra formalidad: es decir, que cuando se omita algo, debe ser anulado el juicio; —o si tal sistema no surte más efectos que perturbar e impedir el curso de la justicia.

La solución es concluyente, solo teniendo en cuenta la labor del Tribunal de Casación, órgano judicial supremo destinado a examinar si las formas y las reglas de los procedimientos se observan exactamente, y si afirmados los extremos del hecho establecido por el juez, los efectos penales deducidos se ajustan y conforman con la ley. Adviértase fácilmente que la obra de justicia del Tribunal de Casación se reduce en absoluto a la segunda entre sus atribuciones; la primera, la crítica del procedimiento, no se halla ligada estricta é indisolublemente, por necesidad lógica, con la justicia. Puede ser vicioso por la forma un juicio en el que no quepa duda sobre la delincuencia del condenado; y viceversa, puede ser perfectamente regular un juicio donde se condene a un inocente, o bien a un acusado contra quien se acumulen pruebas inciertas y leves. ¿Qué debe hacer a este propósito el Tribunal de Casación? En el primer caso, anular la condena y ordenar un nuevo juicio, cediendo de esta suerte al culpable medios de eludir de nuevo la acción de la justicia: —rechazar, en el segundo caso, el recurso, confirmando una sentencia injusta. Empero, esto no es verdadera justicia: es solo un estupendo eufemismo que denominamos *justicia formal.* Ahora es lícito interrogar por la utilidad social de semejante institución, cuando se piensa que el único efecto cierto de la misma es la dilación en la represión del delito, y que una injusticia solo puede repararse casual e indirectamente, cuando sería tan fácil verificarlo de modo directo con un sistema diverso.

Comprenderíase el *porqué* de la Casación desde el punto de vista de la justicia *verdadera,* si la insolvencia de una penalidad influyese, según se cree, sobre la sentencia. En los tribunales austríacos no puede declararse la nulidad, en caso de condena, cuando consta que el acto nulo no ha podido influir sobre ningún extremo del fallo: tampoco procede, en caso de absolución, más que cuando el quebrantamiento de forma produce, de modo evidente, un efecto contrario a la acusación.

Empero, arguyese contra este sistema, teóricamente irrefutable, que lleva con fuerza inevitable a un examen del hecho, porque es imposible apreciar de otra suerte el influjo del formulismo en los casos especiales: lo que desnaturaliza la esencia de la casación.

Ahora bien, si quiere conservarse esta, como fiel y severo custodio del Derecho, precisa inquirir cómo ella puede desarrollar en el orden jurídico una labor útil. No se logra esto más que reformando radicalmente el sistema de la nulidad.

* * *

De tres especies es la nulidad que el Tribunal de Casación puede declarar en orden a la formalidad del juicio. La primera consiste en la inobservancia del mismo, cuando ha sido demandado por alguna de las partes, o se ha omitido algún acuerdo, o la sentencia es contraria a la ley. La segunda y la tercera especie son las que acabamos de exponer: el quebrantamiento de alguna formalidad determinada, aunque no se haya solicitado la casación, o la omisión de alguna otra en la vista verbal. No cabe dudar que, respecto de la primera especie, cuando la ley prescribe un formulismo, o se concede al ministerio público o alguna de las otras partes un derecho, y se reclama la observancia del primero o la parte pretende hacer valer el segundo, y cuando el juez no atiende en justicia al reclamante, o le niega su derecho; no cabe dudar, decimos, que en todos estos casos procede la nulidad del juicio.

De otro modo de nada serviría que las leyes estableciesen ciertas formalidades y que las querellas se fallaran bajo la famosa encina de Luis IX de Francia, lo que, entre paréntesis, no quiere significar que fuesen más absurdas.

Empero, lo inexplicable o incomprensible es la razón de la nulidad por la inobservancia de alguna formalidad, de importancia más o menos relativa para cualquiera de las partes, o porque se haya tolerado su omisión, sin reclamar: —y todavía más, por la sola omisión de una nota en el juicio verbal, aunque no quepa presumir que se ha transgredido realmente la norma.

Las leyes no determinan expresamente la nulidad para ciertos casos, pero la jurisprudencia los ha previsto: podemos citar, entre ellos, la relación de la causa en los juicios de apelación, la presencia del acusado a la lectura del veredicto. En las *vistas* de la Audiencia, en particular, varían extraordinariamente las normas, que obligan, so pena de nulidad, como la lectura de la fórmula del juramento al Jurado, de la sentencia, el orden en que ha de verificarse el juicio, el resumen del presidente, las instrucciones de derecho al Jurado. Todas ellas son manantiales fecundísimos de nulidad: a diario regístranse inobservancias, omisiones e incumplimientos, en cuya virtud, casi siempre por motivos fútiles, deberían muchos juicios verbales, celebrados en la Audiencia, *verse* en casación ante el Tribunal Supremo.

Empero, como, según hemos notado, la ley no prescribe terminantemente la nulidad del juicio por imperfección de la forma verbal más que para ciertos casos, la audiencia de Turín falló sabiamente en 1887 y 1888, y aun posteriormente, que un sumario no es nulo porque en el juicio verbal se haya quebrantado algún formulismo no reputado de grave importancia por la ley. Cuando dicha formalidad no se halla mencionada bajo pena de nulidad, debe presumirse que se han cumplido las reglas, a menos que se demuestre lo contrario. ¿Cabe suponer, por ejemplo, que un proceso se *ha visto* a puerta cerrada, o que el acusado no ha sido interrogado, o que no se ha leído el sumario, solo porque el relator se olvidó de ordenar que se abriesen las puertas al público, o por otros actos de igual índole?

No; conforme advierte muy bien un opúsculo dedicado a estudiar esta tesis[1], el principio que restringe la obligación de dicha mención, casi exclusivamente a la ley, «es la censura más elocuente del sistema adoptado por nuestro código, que pena con la nulidad la omisión del algún formulismo en el juicio verbal».

En realidad de verdad, si para alguna norma de suprema importancia se presume que ha sido observada, cuando no se prueba lo contrario, deduciéndose tal presunción de la rectitud y la ciencia del magistrado, de la asistencia de las partes y sus defensores, ¿por qué no ha de ocurrir otro tanto en orden a formalidades menos importantes, y por qué se ha de prescribir forzosamente la inserción en el juicio verbal bajo pena de nulidad?

El sistema es ilógico, pero todavía podía tolerarse si prácticamente implicase alguna utilidad.

Más, muy por el contrario, es perniciosísimo, porque, conforme hemos dicho, engendra la anulación de numerosas sentencias que no adolecen de vicio alguno, solo porque un relator, poco experto o desatento, se ha olvidado consignar por escrito que defiende al acusado este u el otro abogado, o el juez ha omitido la relación, o bien porque en alguna fórmula sacramental se ha omitido una palabra, etc. Un juicio anulado implica nuevas costas para el Erario, nuevas molestias para los testigos, y es un retraso dilatadísimo en la represión, que, a veces, se trasforma en la impunidad del culpable. Y ¿todo esto para qué? Para estar ciertos, respóndese, de que se han guardado todos los formulismos que garantizan la acción de las partes. Pero ¿cómo lograr esto si el relator, conforme acaece frecuentemente, no penetrándose de la irregularidad que engendran tales inobservancias, conculca casi por instinto las fórmulas a que se haya habituado o testimonia la realización de actos que, verdaderamente, no se han efectuado? ¿Y qué garantía cabe si el defensor

1 VICENTE ROMANO, *La mención del cumplimiento del formulismo en los juicios verbales del orden penal*, Venecia, 1888.

reputa vana la formalidad y no exige su cumplimiento, porque de hacer esto, el sumario no podría guardar silencio sobre ello?

Esta observación conduce a impugnar no solo el sistema de la mención bajo pena de nulidad, sino todo el sistema que distingue la nulidad en útil y perniciosa.

En efecto, no se comprende por qué las partes no pueden renunciar a un derecho suyo o, de acuerdo, derogar alguna fórmula, si lo juzgan así procedente. ¿No ha impuesto la ley la asistencia del abogado, porque conociendo estos los códigos, pueden vigilar sobre el cumplimiento de aquélla? Y si se ha omitido algún acto o realizado otro no conforme con los preceptos del código, ¿qué puede impedir reclamar su exacta observancia?

Estudiando a fondo el asunto, todo esto obedece exclusivamente al deseo de no perder un *buen motivo de nulidad*, en el caso de que nos propongamos recurrir contra la sentencia. No pocos abogados no se limitan a callar, sino que suscitan intencionadamente alguna irregularidad, de la cual confían deducir alguna ventaja.

He aquí precisamente la absurda exageración del formulismo, que desacreditará el nuevo código de procedimiento, si este no se fundamenta principalmente sobre teorías que no prevén los inconvenientes prácticos de sus primeros principios, pero de las cuales no vacilarán en apoderarse, como armas de combate, en el ejercicio de su profesión, algunos letrados poco escrupulosos.

* * *

El Tribunal de Casación es un tribunal supremo de justicia, no una academia.

Mejor fuera esto. En tal caso no casarla una sentencia, pero ilustraría a los jueces para el porvenir. Lo verdaderamente grave es que no puede enseñar sus lecciones sino anulando lo que los jueces han hecho.

Para corregir una equivocación cometida en la interpretación de una regla de procedimiento, debe casar la sentencia, aunque no quepa duda que de tal error no puede en modo alguno derivarse el fallo. ¿Quién sufre en realidad el castigo, el juez o la sociedad que abona las costas, viendo retrasada entre tanto la obra de la justicia?

Cuando se anula un proceso de la audiencia, celebrado durante varios días y aun meses, porque en la vista verbal no se ha escrito la fórmula íntegra del juramento de uno entre ciento o más testimonios aportados, o porque no se ha leído en la misma una advertencia que debía dirigirse al acusado o al jurado, o por cualquier otro motivo de esta monta, la conciencia pública extraña que semejante bizantinismo influya todavía en la administración de justicia[2].

2 Como indicio del sentir de la opinión pública, en orden A la institución que venimos estudiando, reproduciremos el siguiente irónico artículo del periódico *I Tribunali*, Milán, 7 de febrero 1903. «Aprestanse a juzgar, en la audiencia do Brabante, el atentado contra el rey de Bélgica, siendo fácil prever la condena *máxima*, supuesto que el acusado, para librarse de la acusación de espionaje con sus compañeros anarquistas, ha confesado terminantemente que intentaba asesinar al rey y al principe Alberto.

Para obviar esto, no hay más que un medio: reformar radicalmente el sistema sobre la base del siguiente principio: abolida la distinción de la nulidad en útil y perniciosa, deberán observarse sin excepción todas las normas de la ley, ya admitidas, sin que su inobservancia implique la nulidad si no es reclamada por la parte a quien interesa la formalidad. En el caso contrario, cuando ella calle o preste su aquiescencia, no holgará hablar de anulamiento, pero solo tratándose de alguna formalidad importante o para censurar al funcionario que conculca la norma de la ley, o para infligir una multa o cualquiera otra pena disciplinaria.

Ahora bien; no puede aplicarse este principio a las disposiciones de la ley que, en realidad de verdad, merecen ser denominadas de *orden público,* a aquéllas que no pueden ser derogadas según el arbitrio de las partes. Tales son las normas de competencia por razón de la materia, tal el número de jueces y jurados fijados por la ley, tal la presencia del ministerio público, del acusado y de su defensor. Conculcando estas disposiciones, no existe juicio, según el recto sentido de la ley, de nada sirviendo el silencio de las partes. Resumiendo: precisa para que haya juicio, que el juez sea lo que la ley ordena, y que la acusación y la defensa se constituyan regularmente. Cuando acaece así, equilibradas ambas partes, cada una en el propio interés vela por el cumplimiento de las fórmulas legales. En su consecuencia, los formulismos establecidos bajo *pena de nulidad,* lo serán *todo o nada,* según que reclame o no la parte que pudiera obtener algún lucro de su cumplimiento. De igual suerte, los actos irregulares podrán ser corregidos o rectificados, cesando así el escándalo de la irregularidad tolerada criminalmente o provocada con malicia solo para preparar la anulación. Únicamente de este modo, la justicia penal conquistará en Italia la seriedad que ahora le falta, desgraciadamente, y se ennoblecerá, cual merece, la abogacía, cuya misión no es degenerar, sino ilustrar la justicia.

»Veremos cómo se procesa a un Rubino.

»Y ahora recordamos, basándonos en un acta auténtica de nacimiento, que el atentado se imputa a un tal *Rubini.*

»Ahora bien; no cabe dudar que si se le procesa, como si se le condena, como Rubino y no como Rubini, podrá intervenir la casación a quien compete, siendo la maestra suprema del derecho, reconocida por todos los pueblos, por sola la mutación de una i en una o, y basándose en los principios de la razón pura legal, casar la sentencia y ordenar la revisión del proceso, únicamente para corregir dicha letra.»

El código para los hombres honrados

Creímos soñar leyendo las siguientes frases estampadas al final del artículo que, bajo el título de *Justicia para todos,* publicó en la *Nuova Antología*[1] el ilustre Lucchini: «Urge —escribe el insigne publicista— que al mecanismo complejo, deforme, mastodóntico de la ley vigente, sustituya un procedimiento simple, expedito y popular que garantice la represión más cierta y segura de los delincuentes, juntamente con la tutela vigilante de los hombres honrados.» Si nuestra pluma fuera tan bien cortada como la del admirable Lucchini, no hubiéramos expresado de otra suerte nuestras opiniones en orden a lo que el legislador debe realizar en semejante materia.

Notamos esto, porque se nos antoja que el esquema del nuevo código, argumento de nuestra polémica, no resume todos aquellos fines. He aquí cómo concluíamos la Memoria que fue aprobada por el Tribunal de Casación de Roma, en su Asamblea general de 23 de julio de 1901: «Debe procurarse que el proyecto se transforme en el sentido de adaptarse más y más a las tradiciones italianas y a la necesidad social de un procedimiento sencillo y fácil, aunando el doble fin de la tutela de los inocentes acusados y de enérgica represión de los delincuentes.»

Ahora bien, ¿cómo, orientando de tal suerte nuestros votos, ocurre casi siempre, que en las proposiciones concretas nunca nos hallemos de acuerdo?

Fácilmente se lo explicará quien piense que la tendencia de Lucchini es absolutamente unilateral; por eso, su voto en pro de la más enérgica y cierta represión de la criminalidad no pasará de la categoría de vaga aspiración platónica, sin encontrar una expresión práctica; en realidad, para él, el interés *preponderante* —incluyendo, no solo el interés individual sino también el social— es la protección del acusado contra las insidias que otros pueden tenderle en el juicio penal; y porque —no lo dice expresamente, pero se entreven sus ideas a través de todo el articulo— a este fin deben encaminarse *todos* los desvelos del legislador y *todas* las formas del procedimiento. «El interés de la defensa, afirma, importa socialmente, más que el de la acusación. Parece a primera vista absurdo; pero no lo es.» ¡Verdaderamente, implica un daño social más grave la condena injusta de un hombre honrado en vez de un malhechor, que la absolución de un delincuente, aunque este sea uno de los cuatro mil homicidas que hacen temblar las venas y el pulso, y que, a ser sinceros —él piénsalo así— solo existen para alarmar a los extranjeros que nos visitan!

---

1 16 de noviembre de 1901. No intentamos responder a las observaciones con que Lucchini critica el proyecto de 1893, en parte obra nuestra, porque habríamos de abismarnos en disquisiciones profundamente jurídicas, que pugnan con los límites de este estudio.

Abriremos en este punto un paréntesis, porque no podemos sustraernos a pensar que las cuatro mil familias de los asesinados no opinarán de esa manera... Empero quizá sea cierto —no lo aseveramos— que esos cuatro mil homicidas anuales no alarman a *todos*, y que ellos de nadie, fuera de sus víctimas, se preocupan. ¡Tanto influye en ellos la esperanza de su absoluta o casi absoluta impunidad!

No, insigne Lucchini, no nos tiemblan solo las venas y el pulso: el rubor enciende nuestros rostros, como ciudadanos italianos, cuando, en las estadísticas anuales de todos los países civilizados, vemos decrecer el homicidio voluntario, que es hoy, en el norte y en el centro de Europa, un caso rarísimo, casi *extraordinario*, mientras que, en Italia, basta pasar la vista por cualquier periódico, en *cualquier día*, para leer indefectiblemente una larga lista de delitos de sangre consumados e intentados, y muchos perpetrados por delincuentes recién salidos de la cárcel. ¿Cómo no han de impresionar a los extranjeros las condiciones de nuestra criminalidad? Permítanos, Lucchini, que le preguntemos en qué funda esta hipótesis. ¿Quizá en los frecuentes excursionistas que, provistos de las *Guías* Cook, visitan nuestro país?

Empero cometiéndose la mayor parte de los delitos de sangre en riña entre gente del pueblo, o por venganza, ello apenas interesa a los *touristes*, a menos que vengan a estudiar nuestro estado social.

No insistamos sobre este argumento de los extranjeros. Los cuatro mil homicidios anuales en una población de 32 millones, comparados con el número, diez o veinte veces menor, de tales delitos que se registran en otras naciones de Europa, constituyen una verdadera amenaza para Italia, a cuya atenuación deberán encaminar todos sus esfuerzos las clases directoras y los hombres de Estado. Cerrando el paréntesis, tornemos al argumento de Lucchini.

Indiscutiblemente, fuerza es reconocerlo, también la tutela de los inocentes acusados encierra, como la represión, un interés social. En orden a ambas verdades puede aseverarse, viceversa, que asimismo la represión implica un interés individual en relación a la persona ofendida por el delito, o a sus familias, que esperan que el Estado les haga justicia, ya que les está vedado hacérsela por sí mismos. Interés social e individual, así de una como de otra parte: empero, siendo igualmente respetables, uno no debe prevalecer sobre otro.

Creemos que, en este punto, todos debemos marchar al unísono. Nadie que goce de su juicio cabal puede pretender que la ley no patrocine a la inocencia calumniada. Mas, para lograr esto, ¿precisa modificar y renovar todas las normas vigentes de procedimiento? ¿Seremos por ventura presa del poderío de esos hombres feroces, llamados magistrados, a los cuales queremos otorgar la misión extraña, loca, patológica, de perseguir a los inocentes, presentándoles como malhechores y, viceversa, librando de la cárcel a verdaderos delincuentes?

Hablase de los horrores de los procesos inquisitoriales con el mismo espanto que hablarían nuestros lejanos antepasados en la época de las pruebas legales y de la tortura. Empero esto no hace a nuestro propósito. Las normas de la legislación vigente son suficientes a tutelar a los inocentes.

Persuádase nuestro ilustre impugnador, que los hombres de bien temen menos ser denunciados como culpables de un delito imaginario, o cometido por otro, que tropezarse en el campo, o en las calles de una población, con los asesinos que el jurado había condenado a muerte o a cadena perpetua, y que, por indulto o conmutación de la pena, disfrutan de nuevo de libertad; —verse acusados diariamente de los más horrendos crímenes a tratar a los autores de los mismos favorecidos con las atenuantes—, y aun absueltos.

Lucchini es, en Italia, la única persona que no cree todo esto, pretendiendo que son parto de la fantasía los centenares de asesinos, falsarios, estafadores, convictos y confesos y, no obstante, absueltos.

Lucchini dice que esto no se deduce de ninguna estadística. Aún más; creemos que no se ha formulado todavía semejante estadística. Ella será un hecho, cuando se confronten las respuestas de los acusados insertas en las crónicas judiciales o en las audiencias verbales con el veredicto del jurado. La experiencia, no breve de nuestra carrera, autorízanos a afirmar que el caso del homicida confeso y absuelto es harto frecuente, abundando aún más los de falsarios y estafadores. Por lo demás, prosigue Lucchini, apenas si el asunto merece comparar la narración del suceso con la noticia del éxito final del juicio. ¿De qué edificarnos, pues?

A propósito de los hombres honrados, expondremos una pequeña estadística, fruto de nuestros recuerdos personales. No faltará quien alegue que no es un documento oficial, pero, lo aseveramos rotundamente, es una verdadera estadística.

Todos recordamos haber fraternizado en los primeros años de la juventud con algunos amigos, dignos de este nombre, y que fueron nuestros colegas de estudio y diversión. En aquella edad feliz, alegre y pletórica de vida, se vive más para otros y se sigue con mayor interés todos los pasos del querido compañero, interviniendo vivamente en todos sus dolores como en todos sus triunfos en la lucha por la existencia. También nosotros hemos tenido tales amigos. Ahora bien; entre tantos y tantos jóvenes cuyos pensamientos hemos conocido y seguido sus pasos, recordamos *solo dos* que hayan sido molestados injustamente por el magistrado penal. En uno de ellos, debióse a un equívoco, derivado de un error de persona por una malhadada homonimia; el *lapsus* fue esclarecido presto. El otro, que acaso era algo *bohemio,* fue perseguido por algún acreedor que le denunció como defraudador. Conviene añadir que las molestias se redujeron a breves horas de detención en el despacho del juez instructor, que pronto les puso en libertad, declarando no proceder la demanda. Estos dos mis amigos no experimentaron la urgencia de un nuevo *código para los hombres honrados.* La ley vigente y el buen sentido del magistrado fueron suficientes a garantir su honradez.

No cabe dudar que la desgracia de ser calumniado puede acaecer a cualquiera, como otra desventura. Empero siempre hay un magistrado a quien compete inquirir si la denuncia o querella tiene algún fundamento. Desde este punto de vista, no se nos puede tildar de bárbaros. Un ciudadano, denunciado por un delito, no debe comparecer ante el tribunal correspondiente más que cuando el procurador del rey o el juez instructor descubran indicios serios contra él. Todo esto se practica hoy, aun cuando no se haya redactado el *código para los hombres honrados.*

Ahora bien; si este código ha de formarse según las tendencias y los deseos de Lucchini, pensamos que muchas personas llorarán más de lo que lloran hoy, a causa de los delitos de que son víctimas, y cuyos autores no se descubren o bien permanecen en la impunidad. Lucchini cita esta estadística horrorosa: entre 527.383 delitos *denunciados* en un solo año —los cuales no son más que una parte de los delitos *realmente* cometidos— en 81.905, es decir, un 15, 153 por 100, permanecieron en el anónimo sus autores, no juzgándose más que 323.018, esto es, un 61, 28 por 100; entre estos últimos, tratándose de homicidios, solo llegó al juicio un 55, 99 por 100; en las estafas, un 51, 90 por 100; en los hurtos, rapiñas, falsificación de moneda, etc., todavía menos, casi un *mínimum*, solo el 23 por 100.

Mas, ¿qué procedimiento legislativo invoca para remediar estas deplorables condiciones que —son sus palabras— todos lamentamos? Ni más ni menos que la abolición de cuánto puede engendrar, *en un país como el nuestro,* alguna esperanza de regenerar a los culpables. Nadie ignora que Italia es el país de las sectas, y que los sectarios se protegen y encubren mutuamente, y que, entre las sociedades secretas, cuéntanse algunas verdaderas asociaciones de delincuentes. Todos saben que delatar un delito constituye en muchas regiones un acto penado con la muerte. Tampoco se desconoce que nuestros conciudadanos rehúsan ayudar a la acción de la justicia y aun declarar en los juicios, cupiendo aseverar que Italia práctica, desde hace largos años, la teoría de la no resistencia excogitada por Tolstoy. Mas, tornamos a interrogar, ¿cómo pretende Lucchini remediar todo esto? De dos modos: primero, aboliendo el secreto profesional de los agentes de seguridad pública y declarando obligatoria la revelación de los nombres de los confidentes; segundo, obligando al juez instructor a indicar al acusado, a la conclusión del primer interrogatorio, los testimonios que le inculpan.

Sin discutir en abstracto el valor de tales proposiciones, repetimos que todo esto es imposible en Italia, si no se quiere que el 40 por 100 de los acusados absueltos antes del juicio aumente desmesuradamente hasta casi un 100 por 100, a lo menos en los delitos más graves y en aquellas regiones harto asoladas por las sectas de malhechores, negando a la ley el derecho exclusivo de oponerse a tamaño incremento.

Imposible prescindir de considerar en este punto la influencia del ambiente social; no se debe, por ejemplo, establecer el tipo ideal del testimonio, el ciudadano impertérrito y esforzado que declara la verdad, sordo a las amenazas como a las lisonjas; mas, precisa interrogarse si este tipo ideal es frecuente, y, en el caso opuesto, si no es menester suplir de algún modo su deficiencia. Urge considerar la cosa como es en la realidad, no como *deberá* ser. He aquí el anhelo constante de la escuela experimental, objeto de las continuas ironías de Lucchini y entre cuyos devotos más entusiastas nos contamos. Así, el esquema del *código para los hombres honrados* antójasenos como una casa edificada en homenaje a un orden cualquiera de la arquitectura, más o menos bello, pero irreconciliable con las exigencias de la familia que debe alojarse en ella.

De todo esto hemos deducido algunas pruebas de tal evidencia, que permítennos confiar en el arrepentimiento de los delincuentes. Nos duele muy mucho que Lucchini, en su respuesta, ni siquiera nos deje entrever una lejana esperanza de esto. Obstinase, por ejemplo, en su idea de que el detenido, aún en flagrante delito, debe ser puesto en libertad, si sus aprehensores no le presentan al juez correspondiente, dentro de las veinticuatro horas, o si en este lapso huye o se ausenta, y no se puede proceder al interrogatorio. Mas, no lamenta sinceramente que un precepto de tal índole, inoculado irreflexivamente en nuestra legislación, pueda causar consecuencias muy deplorables. «Huelga preocuparse de los casos extraordinariamente raros y excepcionales», replica Lucchini. Y replica de esta suerte, porque tiene la gran fortuna de pertenecer a un país cruzado en todos los sentidos y en brevísimas distancias por las vías férreas y disponiendo de numerosas comisarías de policía; pero, ¿conoce las condiciones topográficas de la Calabria, Brasilea, Sicilia, Cerdeña y de los Apeninos centrales? De todos modos, suponemos que normalmente se puede conducir a su tiempo oportuno, en las famosas veinticuatro horas, al detenido a la presencia del juez. No debe descuidarse el caso contrario, rarísimo en demasía. Musolino es un fenómeno excepcional; cabe preguntar cómo deben conceptuarse nuestras leyes, si tras muchos meses de infructuosas batidas en los bosques de la Calabria, y tras su fuga y su reaparición en las selvas de Umbria, los carabineros habrían debido ponerle en libertad, sabiendo que no podían conducirle en el término de veinticuatro horas a la comisaría próxima.

Imprudente, por otra parte, asustar a los agentes con amenazas de pena, para que no reputen detener a un malhechor peligroso de interés superior al cumplimiento de un formulismo. Parece que con tantas órdenes y condiciones se pretende acobardar a los agentes, a fin de que no realicen lo que en modo alguno puede constituir una diversión para ellos. La caza de un bandido no es un recreo ni un *sport*. Los agentes arriesgan su vida para cumplir con su deber; mas, cuando vean que, lejos de ser recompensados, se arriesgan a incurrir en penalidad, es probable que se entibie su celo. Muchos de ellos han cerrado ya un ojo; con las últimas disposiciones, según las que, entre paréntesis, no están *obligados*, sino *autorizados* para detener a los reos *infraganti*, pensamos que cerrarán presto los dos ojos; además, no temiendo ser castigados por un celo excesivo, no correrán el riesgo del puñal del malhechor. En la duda de obrar mal, y con la probabilidad de pena por un arresto arbitrario o por una detención arbitraria, concluirán por no arrestar ni detener a nadie... ¡Así padecerán menos los infelices delincuentes! ¡Poco importa que, por otra parte, sufran los ciudadanos honrados!

Además del peligro a que puede exponerse la sociedad dejando en libertad a delincuentes tal vez peligrosos, además del descrédito en que con este motivo incurren las instituciones represivas, no comprendemos cómo la disposición del progreso, tan ensalzado por Lucchini, puede justificarse lógicamente. Una de dos: o se retrasa el interrogatorio más allá de los términos prescriptos, en virtud de fuerza mayor, y ¿debe entonces tornar a la condición ventajosa del arresto?; o se dilata por negligencia del funcionario y ¿por ello ha de castigarse a la sociedad, lanzando en medio de ella a un malhechor que puede infestarla de nuevo? Parece que se intenta hacer a los funcionarios un pueril desprecio. No son aptos para interrogar a los detenidos en cierto tiempo: ¡hasta pueden ser castigados con la excarcelación del acusado! ¿Es esto serio? No se nos responda con la ley francesa de 1897: en primer término, porque tales disparates abundan harto en nuestra casa para copiar los del vecino y no es preciso sumar más créditos a la Deuda de las otras naciones; y, en segundo lugar, porque la misma ley francesa limita la disposición de la excarcelación por el retraso del interrogatorio si el detenido lo ha sido por mandamiento de prisión, pero nada habla de la *detención infraganti.* ¡Nuestros vecinos de allende los Alpes no pueden presumir la inocencia más que en los reos detenidos *infraganti!*

¿Qué debe hacerse, por tanto, según Lucchini, del acusado puesto en libertad antes de las veinticinco horas? ¿Podrá el juez detenerle nuevamente, con mandamiento de prisión, en el instante que reanuda gozosamente la vida del campo? Antójasenos que, en tal caso, se representaría una comedia harto burda y ridícula. O ¿no se permitirá la prisión preventiva? Y en este supuesto, ¿por qué no aboliría para otros infelices detenidos, que sin culpa fueron sumariados en el término prescripto? Tales disparidades de procedimiento son injustas. Suprímase de una vez para siempre la prisión preventiva. Entonces, antes del juicio, los asesinos podrán continuar matando, estudiando previamente sus declaraciones; los falsificadores proseguirán aumentando la circulación de la moneda y de los billetes clandestinos; los ladrones, saqueando las cajas y los domicilios; los banqueros de mala fe, disponiendo sus quiebras y poniendo en salvo los remanentes de sus estafas. En una palabra, después del juicio, si les place, pisarán los umbrales de la cárcel; si no les agrada traspasarlos, emigrarán al extranjero, ilustrando en lejanas tierras con nuevos timbres sangrientos su nombre tristemente esclarecido.

Hemos nombrado la presunción de inocencia. Lucchini, resbalando como Anteo sobre este terreno de la presunción de inocencia, parece plantearla con nuevos bríos. Mas, a decir verdad, no acertamos a distinguir si la inocencia debe presumirse en el delincuente confeso o en el preso *infraganti.* Empero, a fin de no resurgir por centésima vez una controversia acerca de esta tesis, en orden a la que debemos confesar tener en contra nuestra muchas dudas teóricas del procedimiento, admitiremos siquiera sea de momento una solución: presumir *siempre* la inocencia del acusado.

¡Siempre!... ¡Del acusado!... Y ¿por qué no presumir inocente también al que fue antes declarado culpable por otro tribunal? Esto ya es, en nuestro sentir, demasiado. El habla el derecho de apelar, de solicitar la casación de la sentencia, la revisión del proceso; empero, obrando así, corría nuevos peligros. Si reputa injusta la sentencia y excesiva la pena, pida nuevo juicio; si le asiste la razón, tanto mejor: mas, si se equivoca, si del nuevo juicio que ha suscitado resulta agravada su culpa e insuficiente la pena primeramente impuesta, ¿por qué no ha de incurrir en mayor penalidad? ¿Puede asistir al mencionado reo el derecho de molestar de nuevo a la parte lesionada y a los testigos, ciudadanos como él, a nuevos jurados y nuevos jueces, y retrasar cuanto se le antoje la ejecución de la sentencia y la indemnización pecuniaria debida al ofendido; —y todo ello únicamente en ventaja suya, sin que la situación con que pretende jugar, pueda tornársele en contra suya? ¿Debe tener en su pro ninguna probabilidad? Tratándose de sentencias cuya anulación se solicita, son absurdas tamañas teorías. Igualmente son inadmisibles— el mismo Lucchini reconócelo, siquiera sea de mal grado, recurriendo a los argumentos sentimentales —en orden al «infeliz reo», objeto de innúmeras persecuciones y vejaciones, porque conviene advertir que, en tal caso y con semejante reo, que presentase más culpable de lo que se cree al principio, él es quien, con sus injustos alegatos, se mofa y escarnece al tribunal, a la parte damnificada y a los testigos.

Pensamos que el insigne Lucchini, por fortuna para él —y deseamos de todo corazón que nunca le ocurra lo contrario— no se ha visto entre esa gente que, en vez de dejarse robar, calumniar o maltratar, no vacila en denunciar al prójimo, sin parar mientes ni consideración en la molestia que puede causar al pobre acusado. Si hubiese tratado a tales personas, sabría que no son en número muy reducido las armas que la ley vigente facilita a los acusados para defenderse en los escarceos judiciales y que ollas bastan para asegurar cumplidamente el triunfo de la inocencia. Por lo demás, mientras que los hombres sean falibles y los jueces sean hombres, habrán de registrarse errores, sea cualquiera el sistema de procedimiento. Cuando se descubra un error, facilítese a la víctima un medio hábil para que, en breve tiempo, pueda ser reparado. He aquí la única reforma que se nos ocurre. Empero, de ningún modo se pongan en las manos de los acusados nuevas armas más formidables, porque entonces será imposible la lucha, y el Estado no considerará, como su primer y capital deber, la tutela de la sociedad contra el crimen.

La clasificación de los delincuentes en la legislación penal

I

Para que los estudios de Antropología y Psicología criminal puedan colaborar eficazmente en la obra de la reforma de la legislación penal, será necesario presentar algunas clases de delincuentes caracterizados con precisión y cognoscibles fácilmente.

Es imposible clasificar a tal fin a los delincuentes en *delincuentes natos* y *ocasionales.*

En los tres congresos de Roma (1885), París (1889) y Bruselas (1892), háyase discutido ampliamente la teoría del delincuente nato, mas sin afirmarla en rotundo por falta de observaciones criticadas rigurosa y metódicamente, no pudiéndose, en las actuales condiciones de la ciencia, fundar una clasificación solo sobre caracteres antropológicos.

Desde este punto de vista, aún no se haya definido el tipo delincuente; acaso la ciencia no logre determinarlo con la necesaria precisión. Empero, de aquí no puede concluirse que el delincuente sea un hombre normal; en el mundo civil diferénciase de sus contemporáneos por la privación de ciertos sentimientos y de ciertas repugnancias, o por un defecto de energía moral, o quizá por una ausencia absoluta del sentido moral.

¿Existe siempre un fundamento fisiológico en tales anomalías?

Lo ignoramos. Basta notar, insistiendo en anteriores disquisiciones, que esa base puede residir en la organización histológica, en la composición de la sangre y de los nervios, en el funcionamiento de los órganos, hasta en una desviación imperceptible, y tal vez, de imposible determinación.

En los casos más evidentes de monstruosidad moral hemos descubierto una profunda correlación con el organismo físico. Los grandes asesinos presentan caracteres que les aproximan a las razas inferiores de la Humanidad. La analgesia corresponde, en el mismo individuo, a la insensibilidad moral: la neurastenia al cinismo.

De aquí puede inducirse racionalmente: una anomalía psicológica, poco perceptible, corresponderá a una anomalía física más difícil de precisar o que elude en absoluto nuestros medios de observación, de suerte que aquello que sea cierto para los grandes delincuentes, pueda afirmarse también de los de un orden inferior o menos alejados del común de los hombres.

Mas, en todo caso, ¿podremos discernir los delincuentes en dos amplias clasificaciones, conforme se ha intentado ya: *delincuentes natos* y *delincuentes ocasionales,* lo que vale tanto como aseverar que existen individuos que delinquen por una predisposición orgánica congénita, y otros que no delinquen sino acuciados por circunstancias externas? Ahora bien; entre estos accidentes exteriores, figura en primer término la influencia de cierto ambiente que, imposibilitando el desarrollo del sentido moral del hombre inculto, engendra perversos instintos que, sin ser hereditarios, no dejan de estar arraigados fuertemente. En su consecuencia, por una parte —como dice Marro—, cabe afirmar que la ocasión influye muy mucho sobre toda la criminalidad; por otra parte, según la opinión de Benedikt, que, en cierto orden, todos los delincuentes son delincuentes natos. Quizá alguien repute, a primera vista, exagerada esta idea, mas no lo es si reducimos a sus verdaderos límites la criminalidad, borrando de su conjunto todo lo que constituye una simple rebelión o desobediencia a la ley, cuando no revela en el agente perversidad especial o una inferioridad moral.

Habremos de reconocer, pues, siempre en el asesino, en el ladrón, en el vagabundo, algo que no es efecto de las circunstancias externas, pero que existe en el organismo moral del individuo, en su manera de sentir y de pensar. He aquí porqué sustituimos la frase: *la ocasión hace ladrón al hombre,* por esta otra: *la ocasión es causa de que el ladrón robe.* Estas reflexiones nos han movido, desde hace muchos años, a olvidar el anterior criterio de clasificación. Muy cierto que no lo efectuamos porque nos resistamos a admitir en una parte de los delincuentes el influjo predominante de la educación, del ambiente, de las ocasiones, de las circunstancias particulares en que ellos se encuentran, mientras que en otros el factor principal del delito es el instinto, el temperamento, algún defecto de su organismo psíquico, como la falta de sentido moral, la privación de sentimientos de piedad y justicia. Todo se reduce a una disparidad de grados; ambos elementos, la naturaleza del individuo y las circunstancias externas conspiran siempre, con mayor o menor pujanza, en todo delincuente. No existe el delincuente fortuito, si con este vocablo pretende significarse que un hombre bien organizado moralmente puede perpetrar un delito, doblegándose solo a la fuerza de las circunstancias exteriores. Créese esto, porque no se reflexiona que entonces se trata de un hecho que únicamente tiene *apariencias* de un delito, pero que *no lo es moral mente.*

Dedúcese de estas consideraciones, que es imposible afirmar con la precisa y conveniente exactitud científica una distinción, en términos generales, de *delincuentes natos* y *delincuentes ocasionales,* que, consiguientemente, ninguna utilidad habrá de reportar a la legislación.

II

No se piense que desaparecerá esta dificultad de clasificar, añadiendo, conforme ha propuesto Ferri, estas tres clases: *delincuentes locos, delincuentes habituales, delincuentes pasionales.*

Recordamos haber observado, en el primer congreso de Antropología criminal celebrado en Roma en 1885, la falta de homogeneidad de que adolece semejante sistema. En realidad de verdad, si preténdese formar una clasificación antropológica, la serie de delincuentes *habituales* no tienen razón de ser. El delincuente *habitual* podrá ser un *delincuente nato*, si sus hábitos criminosos derivan de instintos hereditarios; asimismo podrá ser un delincuente *ocasional*, si no ha logrado tales hábitos más que por influencia del ambiente. Esta no es una variedad *antropológica* ni *patológica*.

¿Qué criterio deberá adoptarse, por tanto, en la distinción de los delincuentes *ocasionales* y *pasionales?* Si se trata de pasiones antisociales o patológicas, como la avaricia, el sadismo, se incluirán entre los *delincuentes natos* o *locos*. Si, por el contrario, se trata de pasiones naturales, no *anormales*, como el amor, los celos, la exaltación patriótica, el honor, el delincuente pasional no será más que un delincuente de ocasión. Por último, un delincuente nato puede obrar a impulsos de cualquiera pasión. La predisposición congénita —ha escrito Benedikt— no excluye la influencia de la ocasión ni la de la pasión. Cabe concluir que ambas determinan siempre la explosión del delito.

Adviértase claramente que, en orden a estas clases, no hay límites bien determinados, de suerte que el mismo delincuente puede pertenecer indiferentemente a cualquiera de las dos. La legislación no descubre un punto firme donde apoyarse: los medios represivos no pueden aplicarse con fijeza a ninguna clase. La urgencia de la represión cambia según los casos.

De ningún modo es, por consiguiente, una clasificación rigurosamente científica, ya que carece de homogeneidad y precisión; jamás será tampoco práctica, porque nunca podrá servirse de ella la legislación.

Si intentase llevar a cabo algo prácticamente útil, precisa clasificar los delincuentes, según criterios homogéneos. Partiendo de la idea de que todo *verdadero* delincuente es siempre moralmente un ser inferior, sin que no pueda delinquir, conviene investigar la especialidad de su defecto moral, los sentimientos y la energía de que carece y los instintos perversos que le dominan, bien que estos sean hereditarios é irreductibles, o adquiridos en la infancia o en la edad del desarrollo físico y moral del individuo.

III

Hemos abordado la cuestión, desde este punto de vista, para proponer una clasificación de los delincuentes, de la que pueda la legislación deducir algún provecho.

Apenas tropezaremos en nuestra vida al hombre privado en absoluto del sentido moral, cuyo ciego egoísmo no puede ser combatido por ninguna consideración de justicia; faltando en tamaña proporción la benevolencia y la piedad, no puede haber vestigios del sentimiento de justicia, que supone un grado más elevado de evolución moral. Este hombre, así inferior en su constitución moral, no se detendrá ante ningún delito del cual confíe obtener algún lucro. Hemos escrito en otro lugar: «matará por dinero, para apoderarse de los bienes de su prójimo, para heredar, para desembarazarse de su mujer y casarse con otra, o por librarse de un testigo, o por vengarse de un agravio insignificante o imaginario, o por demostrar su destreza, la seguridad de su vista, la fuerza de sus puños, su desprecio hacia la autoridad: en una palabra, su aversión a la Humanidad».

He aquí los delincuentes que cabe denominar *asesinos,* y en los cuales se descubren, en un grado extremo, los caracteres psicológicos que se observan, generalmente en los criminales: la impasibilidad, la instabilidad de las emociones, la imprudencia, la imprevisión, el cinismo, la incapacidad par a arrepentirse, la vanidad, la incuria del porvenir. Numerosísimos asesinos presentan también los caracteres físicos y psicofísicos más significativos de las razas inferiores, por ejemplo, las mandíbulas voluminosas, los pómulos sobresalientes, la insensibilidad para el dolor.

El atentado contra la vida de un hombre debe atribuirse a un asesino, en la acepción que otorgamos a esta palabra, cuando el hecho presenta uno u otro de estos caracteres:

1.° Fin exclusivamente egoísta, a saber: la satisfacción de un deseo del agente, sea este deseo del orden patológico —como en el homicidio por recrearse con la visión de la sangre, o en el acompañado de ultraje al pudor—, sea no anormal *in se* —como tratándose de adquirir un bien o evitar un mal—; basta que intervenga de algún modo el interés personal del agente.

2.° Incapacidad de la víctima para realizar un acto que pueda suscitar en un hombre normal una reacción violenta.

3.° Crueldad en la ejecución, por ejemplo, insultos y torturas anteriores o concomitante es al delito, con el fin de prolongar los sufrimientos de la víctima.

Cualquiera de estas condiciones es suficiente para que podamos lograr la certeza de que nos hallamos frente a un asesino —es decir, un anormal en el grado extremo del orden moral—, haya o no obrado con premeditación, porque la rapidez de la ejecución es consecuencia del temperamento, no del carácter moral.

Los *impulsivos* forman una segunda categoría —Van Hamel los denomina *enérgicos.* —Tales son los autores de los delitos contra las personas: obran por un sentimiento *ego-altruista,* engendrado por los prejuicios del honor, de la política o de la religión, o por impulsos del temperamento, por excitación alcohólica, para vengar una injuria.

Empero, lo que en el hombre normal, a despecho de sus prejuicios y de su temperamento, y a pesar de la excitación moral o del vino, no produce más que un estado de cólera, más o menos vivo, engendra un delito en el hombre cuyo sentido moral se halla atrofiado o cuyos instintos no se adaptan a la vida, pacífica.

Aún en el caso de una afrenta súbita, de una injusticia, la reacción del delincuente es *excesiva:* esta disparidad de grados evidencia en todo caso la existencia de un *mínimum* de anomalía. Mas, indudablemente, la anomalía es mínima, casi imperceptible, cuando la reacción no guarda gran desproporción con el acto que la suscitó.

Empero, cuanto más se radicaliza y acentúa la desproporción, tanto más se destaca la figura del delincuente. Ni la cólera, ni el estado pasional, ni la misma embriaguez pueden engendrar el delito, si no concurre algún elemento anormal, particular en la organización moral del agente: una indiferencia por la vida ajena o por los sufrimientos del prójimo, que corresponden a su vez a la mínima sensibilidad del agente por el dolor, carácter de las razas inferiores, que hace surgir en estas el desprecio hacia el doliente y el placer de atormentarle sin apreciar el mal que se le causa.

Tratándose de un homicidio, sevicia o herida, atribuiremos el delito a un *impulsivo* mejor que a un *asesino,* al ha perseguido un fin ego-altruista u obrado a impulsos de una excitación provocada, hasta cierto punto, por la misma víctima. Esto justifica, en los combates, la crueldad de muchos soldados para con sus prisioneros.

Ahora bien; los *impulsivos* no perpetran solo delitos de sangre. El mismo individuo que asesina, puede injuriar, estafar, robar, etc. Y, en realidad de verdad, los *impulsivos* no carecen en absoluto de sentido moral: esto les distingue psicológicamente de los asesinos.

Ellos pueden sentir una justicia elemental, que practican a su manera. Fuera del hecho que ha excitado su pasión, son capaces de respetar los derechos de los demás: son crueles, pero pueden ser devotos y fieles.

En suma; analizando todos los sentimientos altruistas y reduciéndolos a los instintos morales elementales, los *impulsivos* carecen del sentido que mueve a condolerse del sufrir de nuestros semejantes, pero generalmente se hallan dotados del instinto de probidad. Por eso adviértese en ellos con gran frecuencia un enorme desprecio hacia otros delincuentes, ufanándose en cambio de no haber robado ni cometido incorrecciones.

Cabe clasificar bajo el epígrafe de *no honrados* una tercera categoría de delincuentes, en la que incluiremos a cuantos arrebatan a otro sus bienes por la fuerza, con destreza o con astucia.

Estos asumen los caracteres más varios, según las condiciones particulares de un país y el grado de civilización del mismo: desde las formas más burdas y groseras del hurto hasta el *chantagge* con injuria y calumnia en las columnas de un periódico. El lucro es su único fin; la falta del instinto de honradez, el carácter psicológico que les distingue. Esta *falta de honradez* es a veces exclusivamente congénita, aunque parezca el efecto necesario del ambiente en que vive el delincuente, de la carencia de educación moral, de los ejemplos perniciosos que ha recibido en su infancia, de las malas compañías que ha frecuentado en su juventud.

Todas estas causas externas asócianse tan frecuentemente a la herencia de los instintos, que resulta dificilísimo determinar la parte aislada que a cada cual corresponde. Lo que demuestra que, en ello, hay algo orgánico: en efecto, en un medio de delincuentes, basta una simple ojeada para reconocer a los ladrones. Estos, más que otros, diferénciase de los *impulsivos.* Presentan generalmente una fisonomía típica, cuyos rasgos más salientes son la poca fijeza de la mirada, opuesta en absoluto a la inmovilidad de la de los asesinos, la pequeñez y la vivacidad de la retina visual, las cejas espesas, la nariz roma, la frente estrecha y deprimida. Lombroso nos ha facilitado la descripción minuciosa de este tipo, cuya exactitud hemos comprobado personalmente. La Antropología no puede suministrar una serie completa de señas e indicios externos que permitan distinguir al delincuente del resto de los hombres, pero, a no dudarlo, hay caracteres externos que pintan el instinto rapaz mejor que el instinto feroz.

La inmensa mayoría de estos delincuentes presentan la nota genuina de una profunda aversión hacia todo trabajo que implica la lucha constante y metódica por la vida. Son, ante todo, vagos, embusteros, fanfarrones, falsarios, que se reconocen con aptitud suficiente para engañar a los demás, dedicándose a semejante ocupación, divertida y lucrativa.

Benedikt afirma que su temperamento es una aligación de neurastenia física congénita, o adquirida en la infancia, con una neurastenia moral que consiste en la imposibilidad de toda lucha moral para resistir las influencias súbitas y obedecer a las excitaciones nobles. Dotados de este temperamento, y sin medios de fortuna, ciertos individuos tórnanse *vagos*, pero cuando hallan cierto placer en esta labor negativa, se convierten con facilidad en *delincuentes*. Con los fanfarrones y embaucadores de los grados ínfimos compiten los charlatanes de las varias profesiones que monopolizan el comercio, los negocios, o en ciertos casos, los impostores de todo género que, educados en un ambiente más selecto, viven del expedienteo, del parasitismo burocrático.

Para concluir: existen individuos cínicos que corrompen a la juventud, entregándose a vergonzosas aberraciones sexuales. En este orden, las leyes varían según los diversos pueblos; unos reputan delito los que otros consideran falta; empero aquél existe siempre cuando se abusa de una persona, bien con la fuerza o con el engaño.

Estos delincuentes no pueden en rigor ser catalogados en ninguna de las clases precedentes. El fin de su acción es la misma acción; todo lo supeditan al placer que experimentan en el hecho ilícito. A este placer sacrifican su reputación, arrostran la vergüenza y el ridículo.

En general, no les caracteriza el defecto de sentimiento, sino la falta de energía moral. Marro ha observado esta tendencia a la lujuria en los idiotas, añadiendo que la enorme cifra de viejos acusados de atentar contra el pudor, demuestra que estos hechos guardan una relación íntima con la demencia senil. También aportan a los manicomios un contingente extraordinario.

La corrupción y la depravación de la juventud, sin su consentimiento o abusando de su confianza, no son siempre obra exclusiva de estos sátiros; precisa incluir a los autores en la clasificación de *impulsivos* cuando les arrastra al delito el amor o los celos, no la lujuria. Aquí justifícase plenamente el *ego-altruismo* que hemos observado en los *impulsivos*, junto con la falta de sentido moral, que consiste en no preocuparse del dolor físico o moral que su acción puede producir sobre su prójimo.

Resumiendo: he aquí la clasificación de los delincuentes, de los verdaderos delincuentes, no de los simples *rebeldes* —cuyos delitos consisten en desobedecer la ley sin que ello sea una inferioridad moral—, que se nos antoja más oportuna: primero, asesinos; segundo, impulsivos; tercero, no honrados; cuarto, cínicos.

Al lado de cada uno de estos tipos surgen las diferentes formas de locura y neurosis, por ejemplo, la *manía homicida*, la *piromanía*, la *epilepsia*, en las dos primeras; el *histerismo* y la *cleptomanía*, en la tercera, y el *sadismo*, en la cuarta.

En todas estas clasificaciones convendrá discernir quiénes son conscientes de sus acciones, y quiénes obran por simple espíritu de imitación.

Esta división de los delincuentes, fundamentada sobre una falta especialísima de sentido moral, o, si se quiere, sobre un género particular de inmoralidad, ofrece la indubitable ventaja de ser muy sugestiva por el apuntamiento de los medios de represión. Estos podrán caber en un código, en el que los crímenes y los delitos sean definidos, de suerte que se agrupen en tan amplia clasificación de los delincuentes. Lo demás integrará el capítulo de las *rebeliones, desobediencias y contravenciones,* en orden a las cuales la pena no debe guardar relación con la psicología del delincuente.

Purgando de la verdadera criminalidad todas las infracciones de este género, y desembarazando a la ciencia penal de un gran número de fórmulas jurídicas convencionales, podremos facilitar a esta ciencia una base experimental y adaptar a todo tipo delincuente el tratamiento necesario para regenerarle y utilizar su actividad.

Las indemnizaciones

I[1]

La indemnización por el delito, en la historia y en la legislación moderna

En todos los códigos, en todos los tiempos y por casi todos los pueblos háyase admitido el principio, en cuya virtud se obliga al reo a reparar el perjuicio que causara con su delito. Todas las legislaciones, aun las más incompletas, lo han comprendido y comprenden así.

Hasta en los pueblos motejados con rara costumbre de bárbaros y en los albores de las naciones que son o fueron, y singularmente en los inicios de las civilizadas, descúbrese con estupenda constancia, en paridad con la urgencia de la venganza privada legalizada en forma de equivalente del mal *(talión)*, la obligación del reo de indemnizar a su víctima o a la familia de esta. Las tribus primitivas dedicadas al pastoreo y al comercio, indemnizaban, previo libre convenio, en cabezas de ganado o en dinero. Corriendo los siglos, las leyes determinaron las oportunas indemnizaciones para cada delito.

La reparación presentase primero en la historia bajo la forma *pecuniaria;* apercíbense muy raros indicios, y estos harto vagos, de las diversas formas

---

1 *Bibliografía de este estudio.*

M. Gioia. *Ingiurie e danni.* – Bentham, *Principii del codice penale.* – H. Spencer, *Morale della prigione: Saggi di morale, scienza e politica.* – V. Cosenza, *Discorso al tribunale di S. M. di Capua,* 1894. – Hélie, *L'instruction criminelle, volumen VIII.* – Garofalo, *Criminologia,* I ed., Turín, 1885; II ed., Turín, 1891; IV ed. francesa, 1895, págs. 261, 266, 421 y 423. *Actes du premier congrès international d'anthropologie criminelle,* Roma, 1887, págs. 306, 307. – *Actes du premier congrès pénitentiaire international,* págs. 185, 191, Roma, 1885. – *Rapports aux congrès de l'Union internationale de droit pénal,* Bruselas, 1889, y París, 1893. – *Rapports aux congrès pénitentiaires internationaux de Pétersbourg,* 1890, París, 1895, y Bruselas, 1900. – *Relazione al congresso guiridico italiano,* Florencia 1891. (Actas del Congreso publicadas en 1897). – *Riparazione alle vittime del delitto,* Turín, 1887, versión castellana del catedrático Dorado Montero, con un Estudio crítico, Madrid. – G. FIORETTI, *Relazione al primo congresso di antropologia criminale,* Roma, 1895, Actas del Congreso. – E. FERRI, *Sociologia criminale.* – Discorso alla Camera dei deputati, 13 de mayo de 1887. – A. PRINS, *Rapport au congrés de l'Union internationale du droit pénal,* v. Bulletin de l'Union, julio de 1891, págs. 128, 131 y 135. – *Science penale et droit positif.,* págs. 391, 396, Bruselas. – Tuozzo, *Sulla quarta tesi per il congresso guiridico nazionale di Firenze,* 1891. – Du MONCEAU, *Rapport au congrés penitentiaire de Bruxelles,* 1900. – R. DE NOTARI-STEFANI, *Riparazione alle vittime del delitto,* Nápoles, 1900.

de indemnización que Bentham deseaba ver implantadas en la legislación, y merced a las cuales los reos no causarían daños materiales, es decir, la reparación *testifical* en los casos de injuria y calumnia; la indemnización *honorífica* en los delitos contra el honor, efectuada en público, de boca del mismo reo, en presencia del ofendido, o bien con la obligación de arrodillarse a sus pies y recitar un discurso humillante, vistiendo una ropa emblemática, o con el rostro cubierto por una máscara alusiva a la injuria, o también con el destierro del reo de la residencia habitual del ofendido, y por último, en algunos casos, con el equivalente del mal o *talión*.

Compréndese fácilmente que muchas de estas formas de reparación no reúnen la suficiente seriedad, causando en la práctica una impresión ridícula; otras, como el destierro local, constituyen una verdadera pena.

Como reparación honorífica, las legislaciones modernas prescriben solamente la publicación en un diario, a expensas del reo, de la sentencia que le condena por difamación. Empero es absurdo forzarle a tamaña reparación, porque esta, en tal caso, pierde todo su valor.

La forma, *verdadera y propia,* de la indemnización es siempre la *pecuniaria,* aun tratándose de daños puramente morales. Así lo reconocen unánimemente casi todas las legislaciones antiguas y modernas. Ahora bien; entre aquéllas y las de la Europa contemporánea, notase la profunda diferencia de que las segundas estudian la reparación separadamente de la pena, siquiera esta sea pecuniaria; por el contrario, en las primeras, la obligación de la reparación se confunde con la pena.

Esto acaecía con algunos delitos que, a primera vista, no afectaban a intereses privados, pero que figuraban en la serie de los *muy graves;* en algunos pueblos, el homicidio.

Únicamente, cuando el crimen turbaba la paz pública, la majestad del culto o el orden de la familia —por ejemplo, la sedición, la felonía, el escarnio de los Dioses, el sacrilegio, el adulterio—, intervenía directamente el jefe del *clan* o de la tribu, condenando al delincuente a una pena en interés de la colectividad.

De aquí surgió, en la historia de Roma, la distinción de los juicios penales en públicos y privados.

La leyenda de los reyes de Roma atribuye a Servio Tulio esta clasificación.

Ille judiciis publicis separatis a privatis, ipse quidem DE CRIMINIBUS AD REM PUBLICAM PERTINENTIBUS *suscepit cognitionem, rerum autem privatarum privatos judices esse jussit.* Numerosos delitos hallábase catalogados en esta última categoría.

Eran, entre otros, *delicta privata* la lesión personal, la injuria, el *damnum injuria datum,* el hurto. Empero, el hurto penábase a menudo solo con la restitución del objeto. En otros casos, cuando se deseaba castigar al ladrón, ejercíase la *actio furti,* que elevaba la pena al cuádruplo del valor, tratándose de un hurto *manifesto* —flagrante—; al tercio, si el objeto robado era restituido, y al duplo, en caso de hurto *non manifesto.*

En orden a ciertas lesiones personales, la ley determinaba la indemnización: *Propter os vero fractum aut collisum trecentorum assium poena erat, veluti si libero os fractum erat; at si servo C L; propter coderas vero injurias XXV ass poena erat constituta*[2].

El campo de los delitos *pubblici* amplióse, poco a poco, extraordinariamente, incluyéndose en la jurisdicción de los juicios *extra ordinem* muchas clases de hurtos y otros delitos que antes se consideraban como *delicta privata.*

Los ladrones nocturnos, *timadores, salteadores* y *estafadores,* fueron amenazados con penas severísimas, independientemente de que el ofendido obrara o no contra ellos. Justiniano limitó el hurto de acción privada y penable con la restitución del *duplum o del quadruplum,* al *furto non violento: Fures autem vocamus qui occulte et sine armis hujusmodi delinquunt. Eos vero qui violenter aggrediuntur, aut cum armis aut sine armis, in domibus, aut itineribus, poenis legalibus subdi jubemus*[3].

Las legislaciones de los pueblos germánicos que invadieron y destruyeron el imperio romano, significan en este punto un salto atrás; compáreselas con el *talión* y demás penas de aquella época y retrovolveremos a los prolegómenos del derecho romano cuando se afirmaba: *qui membrum rupsit, ni cum eo pacit, talio esto.*

Inmediatamente de constituidos los nuevos Estados, resurge de nuevo la distinción entre los delitos que turban la paz pública y los delitos exclusivamente privados, penados solo con la simple indemnización al ofendido; una parte de esta correspondía al fisco en justo pago del servicio prestado por el Gobierno para lograrla. Era esta una vetusta costumbre germánica, mencionada ya por Tácito[4].

Primeramente, a falta del reo, su familia debía abonar la multa; después, el *fredum,* es decir, la parte reservada al Estado, transformase en una obligación personal del delincuente.

El fisco no podía exigir el *fredum* sino después de satisfecha la indemnización al ofendido; nunca en caso de daño involuntario. En una palabra, el *fredum* constituía una verdadera *pena pecuniaria* en beneficio del Estado.

Posteriormente háyanse multiplicado las categorías de los delitos, no clasificados en la *composición.* En los tiempos más remotos apreciase en Germania vestigios de tal distinción[5]. Las leyes borgoñonas excluían siempre el homicidio do los crímenes *componibili.* En Inglaterra, hacia los días de Alfredo el Grande, acaecía otro tanto. En el siglo XII, reinando Enrique II, eran juzgados por la *curia regis* el homicidio, el incendio, el hurto, el rapto, la estafa, *et si quae sunt similia,* la percusión, las heridas —*si accusator adjciat de pace Regis*— es decir, del Estado —*infracta.*

De esta suerte retrocedíase gradualmente al sistema romano de los *crimina extraordinaria* opuestos a los *delicta privata*: cuantos reos constituían un peligro social eran clasificados, unos tras de otros, en la primera categoría.

---

2 Gayo, *Instit.* III, 223.

3 *Novella,* 134, cap. XIII.

4 «*Pars mulctæ regi vel civitati, pars ipsi qui vindicatur, vel propinquis ejus exsolvitur*». TÁCITO, GERMANIA, cap. XII.

5 Tácito, lug. cit.

Esta distinción se ha perpetuado hasta nuestros días. En las legislaciones contemporáneas enuméranse análogos crímenes contra los cuales no se puede proceder más que a instancia de parte; empero, las consecuencias penales son idénticas, porque también en estos crímenes no se persigue con el proceso otro fin que castigar al reo con una pena, carcelaria o pecuniaria: mas la indemnización al ofendido se considera solo como un efecto jurídico de la condena. Los maestros de la escuela denominada *clásica* de derecho penal piensan haber progresado estupendamente, separando en absoluto el concepto de la pena del de la reparación. Así opónense enérgicamente a cuanto pueda hacer resurgir algo análogo a la multa en favor del ofendido, sosteniendo que la reparación de los daños subsiguientes al delito es una obligación civil diversa por completo de la represión del mismo crimen por medio de la pena, no siendo lícito en ningún caso, ni bajo algún pretexto, confundir una con otra. Sin embargo, para la mayor economía y mejor marcha de los procesos, admiten simultanear ante el mismo juez ambas acciones, civil y penal; y en virtud del principio: *ubi semel acceptum est judicium, ibi finem accipere debet,* aceptan la unidad de la sentencia que condena al reo a la pena y a la indemnización del daño. Mas se pronuncian con firme resolución por el juicio civil siempre que no sea prácticamente imposible: así, nuestro código penal establece —art. 370— que la apelación interpuesta únicamente en los tribunales civiles deberá entablarse ante el juez penal, según la norma adoptada en el sumario civil.

Los clásicos del derecho penal distinguen tan celosamente la acción penal de la acción de daños, porque aquélla propende a tutelar un interés social, y esta reconoce por único fin garantir un derecho privado, que, a su vez, puede ser objeto de transacción o renuncia. Esta teoría es de muy difícil comprensión, adjudicando a la pena este carácter absoluto y exclusivo de interés social, y aun conservando la categoría de los delitos de acción privada, esto es, de los hechos que son punibles o no punibles, según que la parte perjudicada quiera o no querellarse contra sus autores.

Harto diversa es, según veremos, la teoría sustentada por los escritores de la escuela *experimentalista,* para quienes la indemnización a las víctimas del delito —considerada como función social— es un auxiliar, y acaso una consecuencia de la pena.

II

DETERMINACIÓN DEL CONCEPTO DE DAÑO

Las legislaciones contemporáneas apenas regulan el derecho de la parte lesionada a obtener la congruente reparación: muy escasas disposiciones de los códigos penales tratan este asunto importantísimo, a cuyo estudio no ha sido consagrado ningún libro especial, tampoco mereciendo largas y profundas vigilias de parte de los autores de derecho civil, que lo han descuidado suponiendo que ello incumbía a los criminalistas: aun estos últimos lo han estudiado aparte, reputándolo como algo ajeno al objeto de su labor. Esto explica suficientemente la parvedad de su bibliografía, que, dígase lo que se quiera, tiene enormísima importancia social.

El primer punto a examinar contiénese en el vocablo *daño*. Es evidente que un delito, además de lesionar un derecho privado, motiva a la vez un detrimento en la propiedad, o un dolor físico, o una pena moral; primero, turbación o miedo en el instante en que se comete; más tarde, ansiedad y dificultad por la persecución y convicción del reo; por último, esperanza y pérdida de tiempo por la asistencia a la instrucción del sumario y a la *vista* del proceso.

Todo esto constituye un daño, pero, indudablemente, muchos de sus elementos no pueden ser valuados exactamente en dinero; más aún, algunos de ellos parecen repugnar semejante valuación, por ejemplo: el disgusto, el tedio y el miedo, la ansiedad, la incertidumbre; otros no podrían ser compensados suficientemente con una suma metálica, verbigracia: la vida, la salud, la belleza de una mujer, la buena reputación. Ahora bien; ¿la imposibilidad de determinar el daño moral o la inconmensurabilidad de tal daño, puede quizá eximir al juez del deber de otorgar al ofendido una suma como reparación?

En el segundo caso, surge al punto la respuesta negativa. El juez, aunque el daño sea tan grave que repugne una indemnización cualquiera, deberá señalar una, mucho más considerable que la que habría fijado para un daño menos grave.

En el primer caso, cabe dudar cuando el daño consiste, no ya en una pérdida material, sino en dolores morales, en esa turbación y en esa ansiedad que varían infinitamente según las personas, según el particular estado de ánimo y la resistencia nerviosa. Un ilustre pensador italiano, Melchiorre Gioia, afirma resueltamente que también esta clase de daños deben ser objeto de indemnización.

En orden al atentado contra la propiedad, escribe: «A toda pérdida de propiedad corresponde en el espíritu del hombre un sentimiento doloroso... El intervalo entre el delito y la sentencia es pleno de inquietud...

»La palabra *daño* no supone solamente una alteración en el sistema visible de las cosas, sino también en el invisible de los sentimientos... Cuando los códigos disponen que se restituya un valor igual al destruido o al precio en que se le justipreciaba, establecen una *igualdad aparente* y una *desigualdad real.*»

Respecto de las heridas y lesiones, Gioia dice que el agresor debe pagar el valor de los sufrimientos físicos y morales de todo género, así como el precio de las medicinas. En el caso de ofensa con caracteres indelebles, deberán computarse como días de dolor todos los de la vida. En el homicidio, además de indemnizar a la familia del muerto por la pérdida material sufrida, debe tenerse muy en cuenta la *pérdida de los afectos.*

No existen las fórmulas matemáticas que precisen en dinero semejantes valuaciones de los bienes morales. Nunca podrán descubrirse a despecho de las tentativas realizadas por el mismo Gioia. En tal materia, todo debe confiarse al talento y buen sentido del juez.

Desgraciadamente, en la práctica apenas se siguen las enseñanzas del eminente maestro. Como él mismo observaba, si se roba un asno, los magistrados estiman la afección en un precio muy subido: empero, si se quebranta la paz, discútese si la paz tiene valor.

La jurisprudencia francesa mantuvo, durante algún tiempo, un criterio misérrimo en orden a la tasa del daño subsiguiente del delito. ¡Establecióse al efecto que nunca se excediera la suma *real* perdida a causa del delito, para que la indemnización no se transformase en una segunda pena![6].

Naturalmente, tamaño criterio no podía aplicarse más que en los delitos contra la propiedad, pero ello indica suficientemente cuál era el criterio dominante.

La legislación contribuye a esta ambigüedad, porque, si de una parte no existe ninguna definición de lo que debe entenderse por daño, de otra parte interpretase comúnmente este vocablo como significativo de un mal físico o de una pérdida patrimonial. En realidad, si se ha creído necesario decir explícitamente que debe indemnizarse también las ofensas al honor, y el art. 38 de nuestro código penal establece que el juez puede, en tales injurias, asignar una suma determinada como reparación, *aunque no se hubiese causado ningún daño;* y no habiendo siempre daño, por el simple hecho de una lesión al honor, impónese, por tanto, una disposición excepcional en este punto. Es muy de creer que el legislador se expresará así por pura inadvertencia, porque no podemos suponer que haya querido restringir tan míseramente el significado de la palabra «daño».

Puede aseverarse mejor que el legislador ha confiado totalmente al juez la misión de precisar la extensión del concepto de daño, renunciando a ilustrarlo en ninguna orientación. Esto ha motivado las profundas y violentas oscilaciones que se advierten en la jurisprudencia de todos los países en orden al resarcimiento del daño; además la incerteza acerca del daño puramente moral y su amplitud, de imposible previsión al tiempo del crimen, porque, según el código civil italiano, el deudor a nada se halla obligado si no hay perjuicios presumibles cuando se pacta el contrato (art.. 1.228); no cupiendo imputar los daños que no fueren consecuencia inmediata y directa del delito, análogamente a lo que el mismo código civil establece respecto del incumplimiento de las obligaciones (art. 1.229), olvidando en ambos casos que ninguna analogía existe entre la norma relativa al incumplimiento de un contrato y la referente a las obligaciones derivadas del delito; y que las disposiciones de los arts. 1.228 y 1.229 no son aplicables por analogía más que al caso de los *nuevos* daños deducidos del *incumplimiento* de la obligación de restituir los perjuicios del delito, ya determinados en una sentencia.

6 HÉLIE, *L'instruction criminelle*, vol. VIII.

III

NORMA DE LA ACCIÓN DEL DAÑO

No son menos incompletas las legislaciones modernas en lo que se refiere a la norma de la acción del daño, es decir, a la determinación precisa del concepto del daño derivado *ex delicto.*

La parte ofendida o damnificada puede, según la ley, ejercitar la acción civil ante el juez penal, con tal que no haya intentado precedentemente la querella civil. La declaración de la parte lesionada, constituyéndose en parte civil, puede efectuarse en la de manda o en actos sucesivos, y también en el juicio. Empero, la ley italiana limita esta fácil facultad, vedando a la parte ofendida presentarse como parte civil en el juicio de apelación (art. 110, de la Ley de Enjuiciamiento criminal). Además, si se le concede la facultad de oponerse al fallo de *no ha lugar* pronunciado por el juez instructor o por la Sala (art. 250), no se le puede otorgar la de apelación contra la sentencia de los tribunales; únicamente en los casos de condena y singularmente en torno de la suma de los daños, cuando lo demandado excede una tasa determinada, es admisible la apelación de la parte civil independientemente de la acción del ministerio público (arts. 353 y 399). Pero en los juicios ante los tribunales y en las apelaciones de este ministerio, es siempre admisible, por la parte civil, cualquiera que sea la suma demandada (art. 399).

Aun háyase restringido más la facultad de recurrir en casación. Esta no se otorga a la parte civil más que contra las sentencias absolutorias o de *no ha lugar*, exceptuando el caso de haber sido ella condenada a las costas en favor del acusado absuelto, y en una proporción superior a la pretensión de este último (art. 644, 2.ª parte): caso verdaderamente improbable. Mas, condenado el imputado, la parte civil puede alzarse siempre contra el extremo de la sentencia que menoscaba sus intereses civiles (art. 644, 1.ª parte).

He aquí los límites en cuyo círculo la parte civil puede obrar ante el juez penal.

Mas, el legislador ha intentado favorecer en algo a la parte lesionada no constituida civilmente, disponiendo que la condena penal del imputado debe ir siempre vinculada a la condena de indemnizar al ofendido o perjudicado (art. 569). Es esta una de las escasas disposiciones con que se ha pensado tutelar los derechos de la parte lesionada cuando ella no ha querido o podido intervenir como parte civil en el juicio penal. Viceversa, no pueden liquidarse los daños en el juicio penal sino a instancia de la parte civil (art. 571); pudiéndose dudar que la facultad del juez penal para asignar provisionalmente al perjudicado una suma en la liquidación definitiva, se subordine a la condición de que este mismo figure en el juicio como parte civil (art. 571, parte última).

La ley es, en este punto, harto confusa.

Acaece frecuentemente que, negando la sentencia la sola responsabilidad *penal* del imputado, deduce, no obstante, de ella que es el único autor del delito. En realidad de verdad no cabe dudar que el lesionado conserva su derecho a la indemnización, cuando tal derecho se halla garantido en los principios generales. El art. 6.º de nuestra Ley de Enjuiciamiento criminal estatuye que no puede ejercitarse la acción del daño en el caso de sentencia definitiva de *no ha lugar* por *insubsistencia del hecho material,* o de absolución por inocencia del acusado. Es evidente que, en todos los restantes casos de sentencia de *no ha lugar o* de absolución, queda a salvo el derecho del perjudicado a la indemnización. Empero nuestra ley no afirma terminantemente que el juez penal, por no emitir semejante sentencia, pueda condenar al demandado absuelto a la indemnización del daño, de modo que el delincuente no sea obligado a comparecer de nuevo ante el juez civil. Asimismo, en los artículos 569 y 570, parece que la sentencia de *no ha lugar* o de absolución otorga al juez penal el derecho de declarar al delincuente obligado a la indemnización.

En Francia, se ha resuelto la cuestión en sentido contrario; es decir, que la misma sentencia absolutoria puede fallar la indemnización a favor del querellante; esta norma practicase también en el Tribunal Supremo, no habiendo excluido el Jurado la existencia del *hecho material*[7]. El Tribunal Supremo de Italia recusa generalmente las demandas de indemnización cuando el Jurado ha negado la culpabilidad del acusado, fundándose no solo en los artículos 569 y 570, sino en la imposibilidad de afirmar, basándose solo en hipótesis, que el acusado ha cometido materialmente el delito de cuya culpabilidad se le ha absuelto.

Para obviar tamaña duda, en 1895 presentose al Senado un proyecto de reforma parcial de la materia que tratamos, inspirado en el proyecto de una Ley de Enjuiciamiento criminal, laborado por el ministro de Gracia y Justicia, Bonacci (1893). En ambos proyectos disponíase que «el juez puede condenar al acusado al resarcimiento del daño, aun en el caso de absolución o declaración de *no haber lugar a proceder,* cuando la parte lesionada tenga garantidos sus derechos en el código civil». La relación adjunta al proyecto apuntaba las siguientes oportunas observaciones: «¿Debe obligarse a la parte perjudicada a un nuevo juicio ante diversos jueces, que no pueden apreciar con el mismo exacto criterio los motivos de la absolución, singularmente cuando esta ha sido pronunciada por el Jurado? Añádase que frecuentemente cabe pensar que «existe el deliberado propósito de fallar *no ha lugar*» cuando no se plantea al Jurado el problema de la realidad del hecho material, excluyendo a la vez la culpabilidad del acusado. El sistema que se propone es más lógico, porque el juez que pronuncia la absolución es el único competente para fallar sí, no obstante, debe condenarse al acusado absuelto a la indemnización del daño»[8].

La comisión encargada actualmente de proponer la reforma de la Ley de Enjuiciamiento criminal, no ha juzgado conveniente modificar en nada la legislación vigente.

---

7 F. HÉLIE, VOL. IV, 709, núm. 3.

8 Senado del Reino. Proyecto de ley núm. 42, presentado por el ministro de Gracia y Justicia en la sesión de 13 de julio de 1893.

IV

Tutela de los derechos de la parte damnificada

De todos modos, y a despecho de estos defectos y de la incierta vaguedad de la jurisprudencia, en uno y otro sentido, la parte damnificada puede, en último término, lograr una declaración de su derecho.

Empero esto es nada o casi nada, porque se resuelve en humo o en una cruel ironía, si la misma ley no patrocina, durante la instrucción y el juicio, los presuntos derechos de la parte dañada, no solo facilitando la liquidación de los perjuicios, sino limitando la facultad del imputado de enajenar sus bienes y evitando la insolvencia simulada.

Acerca de este punto son todavía más defectuosas e incompletas las legislaciones modernas. Muy contadas disposiciones cuéntanse a este propósito. Examinémoslas rápidamente.

La primera norma legal en orden a sostener la estabilidad de los intereses de la parte damnificada, independientemente de toda su participación en los actos del proceso, nos la facilita el art. 140 de la *Ley de Enjuiciamiento criminal,* en cuya virtud el juez instructor hallase obligado, en todos los delitos, mediante la apreciación de un perjuicio o un peligro para el bien, a determinar la *entidad* de aquél y la gravedad de este. Los jueces instructores se olvidan frecuentemente de este precepto, que, de ser observado con fidelidad y constancia, facilitaría en sumo grado la liquidación de los daños en el mismo juicio penal.

El art. 1.969 del *código civil* italiano concede al Estado la hipoteca legal de los bienes del condenado, añadiendo que puede verificarse *antes de la sentencia e inmediatamente después del mandamiento de prisión,* y también en el orden civil para el resarcimiento de los perjuicios nominados en la sentencia condenatoria.

No parecerá ocioso notar que esta disposición hallábase de acuerdo con la antigua norma de la *Ley de Enjuiciamiento criminal*, según la que la captura del denunciado era el primer acto de todo procedimiento criminal. Al presente, las cosas han cambiado mucho: el mandamiento de prisión, dictado durante la instrucción, es una providencia excepcional, reservada solo a los delitos más graves o a quienes turban el orden público. Por eso el art. 1.969, en su segunda parte, por incuria de los funcionarios, es casi siempre letra muerta, no pudiendo al presente resultar útil sino en casos rarísimos, quizá los más frecuentes; sin expedirse el mandamiento de prisión no se puede inscribir ninguna hipoteca como garantía de los derechos de la parte damnificada. Si el delincuente posee bienes inmuebles, no tropieza en la ley con ningún obstáculo para venderlos; vanamente invocará el damnificado por su delito la sentencia que le concede la indemnización. Únicamente le resta el consuelo de poder ejercer la *actio pauliana*, pero con poca probabilidad de verla cumplida.

Por otra parte, el artículo que venimos estudiando no puede afectar más que a los bienes inmuebles, derechos reales y rentas del Estado. Ahora bien;

nuestra ley enmudece por completo cuando el inculpado de un delito posea inmuebles, títulos de renta, y lo que es muy raro, dinero o muebles.

El art. 713 del código penal dispone que, a instancia del ministerio público o de la parte civil, puede ordenarse la continuación del secuestro de los objetos hallados en casa del imputado, como *garantía de los perjuicios,* y costas, multas y demás gastos. Repútase útil asegurar los objetos encontrados sobre la persona de un delincuente arrestado, o bien en su casa, con motivo de un registro domiciliario. Por esto, semejante artículo es inaplicable cuando no ha precedido arresto ni registro. Entretanto, el imputado puede poseer valores depositados en el Banco o en manos de algún amigo o camarada; tampoco la justicia puede saber, si le es lícito obrar, no tratándose del *cuerpo del delito,* ni la ley dice nada acerca de si el damnificado puede pedir el secuestro de los bienes muebles.

Ciertos autores opinan que no debe consentirse ningún secuestro: otros, y es la opinión seguida generalmente, aseveran que puede ordenarse un secuestro conservador. Empero esto no resuelve prácticamente la cuestión, porque se ignora, en el absoluto silencio de la ley, a qué magistrado compete mandar semejante secuestro: desconócese también si conviene seguir con precisión la norma civil aun en tamaña materia y si cabe autenticar el secuestro. Tampoco se ha previsto si el secuestrador debe prestar fianza y si puede ser multado en caso de revocación del secuestro; todo es incierto, porque de todo ello no se ocupa ninguno de los dos códigos. Tal incerteza dificulta extraordinariamente la eficacia de la acción de la parte civil.

Por último: ocúpase de los intereses del delincuente la disposición que vincula la fianza prestada por el acusado en libertad provisional, no solo al fin de asegurar la ejecución de la pena, sino también por la esperanza de hacer justicia y por *si fuere preciso atender al cuidado y alimentación del ofendido* (art. 229 del *código penal*).

Evidentemente, esto no puede referirse más que a los delitos contra las personas, y, por excepción, a algún otro del que se derive un daño corporal de tercero. Empero, tal disposición apenas si puede resultar prácticamente útil al damnificado, porque la ley no habla más que de la fianza prestada por el *procesado;* por el contrario, si es prestada por una tercera persona, esta tiene derecho a hacérsela restituir, cuando el reo se presente a la justicia para la ejecución de la sentencia. Los procesados no son, comúnmente, tan ingenuos que presten, bajo el propio nombre, la fianza. Si esta es depositada en dinero, siempre aparece como facilitada por una tercera persona, acaso por el abogado defensor, que, de esta suerte, asegura sus honorarios.

Para concluir: cabe aseverar que nuestras leyes no patrocinan eficazmente los derechos del damnificado. Si este se muestra parte en el juicio penal, solo conseguirá procurarse como suprema satisfacción la de que recaiga sobre su ofensor una sentencia penal. Si confía recuperar lo que le fue robado, verá consumidos inútilmente en la demanda su dinero y su tiempo: su desilusión habrá de ser completa y rotunda.

V

LA INDEMNIZACIÓN SEGÚN LA CRIMINOLOGÍA EXPERIMENTAL

La nueva escuela penal denominada *positivista*, pero que más exactamente debía titularse *experimentalista,* enseña un concepto harto diverso de la importancia de la indemnización a las víctimas del delito.

La reparación figura en la teoría de estos autores, siempre como un auxiliar, casi como una consecuencia de la pena.

Cuando publicamos nuestros primeros estudios sobre materia criminal, notamos cuán absurdo es considerar con un criterio uniforme y medir con el mismo rasero a los verdaderos malhechores, peligro constante para la vida y la seguridad de los ciudadanos, y a los autores de esas numerosísimas acciones que violan algún derecho, y que son la expresión, no de los instintos antisociales del delincuente, sino de un grado inferior de probidad y delicadeza, y mejor de ignorancia y falta de educación. La paz social y la civilización exigen que los primeros sean eliminados de la sociedad, o por lo menos segregados, durante un tiempo bastante largo, pero no reclaman igual medida para los segundos.

La acción criminosa de los últimos puede ser reprimida con otros medios que la eliminación y el aislamiento: cabe sustituir la prisión, pena típica y casi universal de nuestros días[9].

¿Cuál ha de ser este sustitutivo? Al presente, la cuestión parece resuelta. Supuesto que, en numerosísimos delitos leves, no se turba la paz social, ni se ofenden los sentimientos humanos de una sociedad civil, sino que únicamente se lesiona algún derecho de un individuo, bastará a los fines penales el precepto imperioso de indemnizar el daño, entendiendo este en el amplio sentido que hemos fijado antes, a saber: cualquier perjuicio material o moral, derivado directa o indirectamente del delito. Cuando se considere esta obligación ineludible del ofensor a la reparación como una función social, serán inútiles casi todos los otros medios represivos. El ofendido quedará satisfecho: el ofensor, con la pérdida de su dinero, sufrirá muy mucho más que con una breve detención. De esta suerte, como ha notado Prins, abundando en nuestras ideas, habrá de introducirse también en el sistema represivo ese elemento económico que caracteriza todas las relaciones de la vida moderna.

Ninguna dificultad grave puede oponerse a la distinción de las dos categorías de delitos que deben ser reprimidos por diversos sistemas.

La represión ha de encarnar en medios de *eliminación* o *aislamiento* de la sociedad, perpetuamente o durante un lapso de tiempo más o menos largo, siempre que se trate de crímenes graves, o de delitos leves perpetrados por reincidentes o delincuentes habituales. Esta misma represión debe manifestarse con medios preventivamente correctivos, o aptos para la *enmienda, moral,* para

---

9 GAROFALO, *Criminología,* I ed. it., 1885, y las sucesivas ediciones francesas, italianas y española; ID., *Riparazione alle vittime del delito.* Turín, 1887; ID., *Discorsi e conferenze.* (Véase *Bibliografía.)*

los delincuentes muy jóvenes; y asumir la forma de *castigo* para los jefes de motines, revoluciones y trasgresiones a las leyes del Estado.

Imposible clasificar en estas tres categorías los delitos que pueden reprimirse solo con la *obligación a indemnizar*. Son aquellos para los cuales no admiten los legisladores modernos el juicio penal sino es a instancia de la parte ofendida, por ejemplo: la injuria, la calumnia, la usurpación indebida, la lesión personal levísima, el daño, el adulterio, etc.; en general, los delitos contra el honor de las personas y de las familias, y los más leves contra la integridad de aquéllas y contra la propiedad; puede sumarse todos los delitos involuntarios o *culpas*, la quiebra sencilla y algunas otras especies de delitos menos graves. Deberá reputarse en todo caso como condición limitativa común que los autores de tales delitos no pertenezcan a la clase peligrosa, es decir, no sean delincuentes habituales, ni vagos, ni procesados por otros crímenes.

A cambio de una pena carcelaria de brevísima duración y que ningún beneficio reporta a la sociedad, ni al damnificado, el reo deberá ser condenado a indemnizar bajo la forma de *multa a favor del ofendido*, sometiéndosele a enérgicos medios coactivos para el pago de la misma. En breves días, o en cortas semanas, veríanse casi vacías las cárceles de la inmensa población penal, hoy sin fin práctico de eliminación, aislamiento, ni siquiera de castigo, porque no representan, para la mayoría de los delincuentes, ningún dolor sensible. Respecto del ofendido, la breve pena carcelaria, que en semejantes casos carece de finalidad social, no puede satisfacerle más que moralmente, por lo que no le preocupa la condena de su ofensor, que estima harto insignificante y suave en orden al mal que le causó.

En su consecuencia, tanto la sociedad como las víctimas del delito, resultarán extraordinariamente beneficiadas con la abolición de las penas carcelarias leves y con la sustitución de estas por las multas reparadoras, que deberán hacerse efectivas por los medios más enérgicos, que distinguiremos en preventivos y ejecutivos.

He aquí los medios preventivos:

1.° El embargo conservador de los bienes muebles del acusado, al fin del juicio, y en ciertos casos de la formación del sumario: embargo que habrá de ser ratificado en la sentencia condenatoria. Cuando no baste el embargo se hipotecará de oficio sus bienes inmuebles.

2.° Deberán declararse nulos la enajenación, a título gratuito, y el pago de los débitos no vencidos del acusado durante el tiempo en que se perpetró el delito, debiendo apuntarse como fraudes al damnificado los pagos y las enajenaciones posteriores al delito, exceptuando los casos en que se pruebe la legitimidad de la obligación[10].

10 La comisión que entiende en la reforma del código penal, ha aceptado algunas proposiciones, formuladas ya, primero en el proyecto Bonacci, de 1893, y después en el de Calenda, de 1895, sobre la hipoteca y el embargo como garantía de los derechos de la parte damnificada. V. núm. 35-41, cap. XV de *Principii adottati dalla commisione.* Confróntese el proyecto Calenda, de 13 de julio de 1895, arts. 458-465, con el proyecto Bonacci, de 1893, reimpreso en 1895, por la dirección del *Foro penale.*

Pueden ser medios hábiles para realizar la indemnización: la venta a favor del ofendido de los objetos embargados; en orden a los proletarios, una *retención* sobre su jornal o sueldo, congruentemente proporcionada para no privarle de lo indispensable para su vida y la de su familia, cuyos remanentes, depositados en una caja digna de crédito, bajo la inspección del patrono, maestro o director de quien dependan los obreros condenados, serán abonados al damnificado en cierto tiempo hasta completar la suma fijada.

Indudablemente, estas teorías fallarán en muchos casos; no todos los proletarios son obreros con jornal fijo, ni de todos responden un patrono o un maestro. Numerosos de ellos, voluntaria o involuntariamente, carecen de ocupación; entre los delincuentes abundan en proporción abrumadora.

Para obviar esto, el trabajo libre con la obligación de indemnizar sería reemplazado por el trabajo bajo coacción, en determinados centros, y en beneficio del ofendido, descontado previamente el coste de manutención del reo en el taller.

Tales son, sumariamente, las teorías sustentadas, durante largo tiempo, por la escuela italiana de derecho penal experimental para que se pueda obtener del reo la indemnización del daño y el pago de la multa en favor del perjudicado por su crimen. Indiscutiblemente, estas doctrinas facilitan la abolición, para numerosísimos delitos, de las penas carcelarias de corta duración, reconocidas al presente por todos como ineficaces, peligrosas y aun como gérmenes morbosos.

Estas ideas, casi inadvertidas por los legisladores italianos, han hallado un eco estupendo en los países septentrionales[11]. Por ejemplo, en Noruega, a fines de 1894, se propuso que si el condenado resarcía el daño en los términos fijados por el tribunal, se dejase sin efecto, en algunos casos, la pena carcelaria.

La introducción de este principio en la legislación representará un avance enorme hacia la reforma importantísima propuesta por la nueva escuela italiana.

Entre tanto, para obligar a los delincuentes a la reparación, podría acometerse la implantación de la *condena condicional*, admitida ya por las legislaciones de algunos Estados de Europa.

Mas, para obtener así con mayor facilidad la indemnización, sería en absoluto necesario elevar el límite *mínimum* de la pena carcelaria, fijándolo en un equivalente al peligro *serio* que ella representa: peligro que el condenado se esforzará por reparar, a ser posible, con un sacrificio pecuniario, y en caso preciso, con otros más penosos.

Únicamente aboliendo la breve pena carcelaria, será posible adaptar la condena condicional al objeto de la indemnización[12]. Supongamos, por ejemplo, que el *mínimum* es de tres o cuatro meses de reclusión o arresto, aun para un delito leve: empero, simultáneamente, habrá de determinarse la suma de la indemnización al ofendido cuyo abono exime al reo de la expiación en

11 PRINS, ob. cit. Y *Bibliografía*.

12 Para tal fin y con tamaña limitación, hemos defendido, en diversos informes ante los Congresos de Bruselas y París, la condena condicional.

la cárcel, porque concurren las otras circunstancias objetivas y subjetivas en cuya virtud se otorga la condena condicional.

No faltarán quienes observen que esta teoría contribuye a exteriorizar más y más la desigualdad en que se encuentran los ricos y potentados y los pobres y de la clase media, que sin vivir en la indigencia, carecen de bienes, tampoco teniendo la posibilidad de procurarse una suma.

Ante todo, importa observar que este inconveniente tropiézase también en el sistema vigente, porque hoy la multa no abonada se conmuta en arresto. La única diferencia consiste en que, al presente, la multa es un débito para con el Estado, mientras que en nuestro sistema, la suma equivalente de la pena, representa una multa en favor de la parte damnificada.

Habrá de suavizarse y aun de borrarse tamaña disparidad cuando tal multa no sea determinada con igual rasero para todos, sino —según venimos proponiendo insistentemente— en proporción al estado económico del delincuente.

Por una injuria, por una leve contusión, por un perjuicio voluntario, llevados a cabo por un mísero obrero, debe corresponder una multa mínima, *verbigracia*: cinco o diez pesetas. Por idénticos delitos, siendo el reo regularmente acomodado, el juez puede imponer cincuenta pesetas; y quinientas, mil o más, si se trata de un rico. De esta suerte, el proletario, casi siempre pobre, se procurará fácilmente cinco o diez pesetas que le librarán de una prisión mucho más costosa.

No se tema, por otra parte, que con este sistema el rico se insensibilice a la pena. Y no debe temerse ello, por la misma facultad otorgada al juez para aumentar o disminuir la multa, según la condición económica del ofensor. Por muy cuantiosa que sea la riqueza, llegará un extremo en que la sustracción de una suma ha de serle forzosamente dolorosa.

Carece, pues, de importancia la principal objeción opuesta a esta teoría. Cesará la disparidad con el tratamiento desigual basado en las diversas condiciones sociales y económicas.

Esta atribución proporcional de la multa nos aproximará —¡imposible identificarse!— al ideal de la *verdadera igualdad,* mucho más que las actuales penas carcelarias, infligidas en idéntica proporción, no obstante los infinitos grados en que se dividen las personas. En efecto, ninguna desigualdad más irritante que la que implica el modo de aplicar la prisión a las diversas clases sociales, y aun a los diferentes individuos que integran una misma clase. Solo cinco días de cárcel representan para el hombre bien acomodado y que no ha sufrido ninguna restricción de la propia libertad, no solo una humillación intolerable, sino un verdadero tormento físico. Cinco meses de cárcel son afrontados con cínica indiferencia por los vagos y los ladrones de profesión. A las mujeres más pobres del pueblo, habituadas a trabajar en las casas, y que no tienen familia propia ni seres queridos de quienes separarse, no les causa ninguna impresión vivir una larga temporada en la cárcel.

Los criminalistas, adictos a la escuela clásica, apenas se preocupan de todas estas consideraciones, tenidas, por el contrario, muy en cuenta por los experimentalistas en la investigación de los medios represivos, *real,* no *abstractamente.*

La condena condicional, aplicada según el criterio que acabamos de exponer, prestará grandes servicios a la causa de la indemnización a las víctimas de los delitos leves. Empero, en orden a los delitos graves, o menos leves, perpetrados por delincuentes surgidos de la clase peligrosa, es imposible, por la seguridad social, usar otros medios represivos que los de eliminación o un prolongado aislamiento.

También cabe emplear, para que la víctima del delito sea indemnizada, otro medio preventivo, a saber: la *libertad condicional*. Puede concederse esta, cuando no se opongan la índole perversa del reo o las circunstancias demasiado graves del delito, al condenado que ofrezca la reparación, ora por medio del dinero que posea, o bien con lo que ahorre de su trabajo.

Esto suministrará a la vez un criterio de la moralidad del reo. En efecto, ningún signo de penitencia, ninguna manifestación de arrepentimiento por el delito cometido, ninguna promesa de una vida mejor para el porvenir puede valer tanto como el sacrificio que el condenado realiza del peculio ahorrado pacientemente por él como premio de largos años de trabajo en el penal. Si es posible la regeneración del criminal, ningún signo más evidente de ella. ¡Inaudito esfuerzo el que ha menester verificar ese hombre para desprenderse de su dinero! Esfuerzo tanto más extraordinario si el penado es un mísero aldeano u obrero resuelto, después de recuperar la libertad, a no reincidir en ninguna acción vitanda. Del tenaz instinto del hombre a no abandonar el fruto del propio trabajo, puede deducirse que, cuando el condenado cede íntegro, o en gran parte, su peculio para reparar sus delitos, hallase menos pervertido que otros, siendo más susceptible de regeneración y mereciendo la inmediata libertad.

Actualmente obtiénese la libertad condicional con solo certificar el director del establecimiento penal la buena conducta del condenado. Empero esto, en un penal, no significa otra cosa que el penado guarda la disciplina; los delincuentes más perversos, que son también los más astutos o hipócritas, observan en este sentido el *mejor comportamiento*.

Urge ya reemplazar estos asertos plenos de incerteza con un criterio positivo, el único posible, del resurgimiento del sentido moral en el alma del delincuente: que él repare su delito, no de palabra, *sino con hechos,* indemnizando en lo posible el daño que se haya derivado de aquél.

Aquí convendría discutir, si la brevedad no lo impidiera, una teoría de H. Spencer que afirma el principio de la indemnización como consecuencia de la pena, y que solo puede aceptarse respecto de la categoría de los delitos leves, que ya hemos estudiado.

Empero, en los delitos más graves, la indemnización ofrecida voluntariamente a la víctima o su familia no debe excluir la ejecución de la pena, sino influir en cierto modo sobre la duración de esta, exceptuando —conforme hemos advertido antes— algunos delitos para los que no basta ninguna reparación, y algunos delincuentes, cuya liberación constituye un constante peligro para la sociedad.

Esta nota puede figurar entre las bases de la libertad condicional, para que, cuando concurran las demás circunstancias que la hacen admisible, sea sustituida, a falta de una prueba plena del arrepentimiento del reo, con *el hecho* de la indemnización, total o parcialmente, ofrecida por él.

Debemos exigir al Estado que establezca semejante institución.

En efecto, a despecho de todos los medios directos e indirectos, coercitivos o persuasivos, que propenden a que el damnificado u ofendido logre la reparación debida, un gran número de delincuentes, tal vez el mayor número, permanecerá siempre refractario, esquivando toda coacción. El Estado debe fundar una *caja* formada con el producto de las multas en favor del Erario. Tal institución debe redundar principalmente en beneficio de las inocentes víctimas del crimen; por ejemplo, de aquéllas que, a consecuencia de un delito, viéronse reducidas a la miseria, o sufrieron grave enfermedad, o perdieron la persona que era su único sostén.

Reflexiónese que no solo las personas perjudicadas por el crimen han de gozar los beneficios de semejante fundación: también debe esta proteger a los injustamente acusados de delito, a las víctimas de los errores judiciales.

No es nueva, de hoy, ni de nosotros, esta idea de la *caja de las multas o indemnizaciones:* esta caja existía antiguamente en el ducado de Toscana y en el reino de las Dos Sicilias. A su instauración opónese, como obstáculo insuperable, el fisicalismo, por el que se prefiere siempre, al crédito privado, el del Erario[13].

El progreso de las ideas convencerá presto a los legisladores de que la reparación a quienes sufren por un delito o por un error judicial, merece ser estudiada con singularísima atención; urge esforzarse para que tal objeto se convierta en un imperativo deber social.

Por desgracia para todos, esta es la parte más defectuosa de la legislación moderna. Cegar esta laguna constituye una empresa de positiva y rotunda civilización.

13 De Monceau, en su Memoria presentada al Congreso penitenciario de Bruselas, en 1900, defiende vivamente la idea de la caja de las multas, siendo estas proporcionales a las condiciones económicas de los reos.

Los abogados defensores

El ejercicio de la defensa es una función necesaria del procedimiento penal. Así, pues, quien la asume debe gozar, por una parte, de todos los derechos que ella implica, y por otra, someterse a cuantos deberes impone.

Concretemos estas ideas puntualizando los deberes morales del defensor en orden al acusado como respecto a la Justicia, fijando de paso las oportunas normas que disciplinan este procedimiento, a fin de cortar demasías y abusos.

Parécenos que, a las personas que pueden actuar de defensores, deben sumarse los *catedráticos de Derecho,* aunque no sean abogados, lo que acaece frecuentemente: y en el caso de ser nombrados por la autoridad judicial, nada impide tampoco que se agreguen los *funcionarios de la Magistratura.* Así lo prescribe el código alemán, entusiasta apóstol de los fueros de la defensa.

¿Por qué también no han de elegir las partes *defensores técnicos* entre las personas aptas para desempeñar la función de peritos? Esta innovación daría el golpe de gracia a los escándalos que deploramos a menudo en las aulas parlamentarias, de peritos de acusación y peritos de defensa que, jurando imparcialidad y hablando en nombre de la ciencia, no son, realmente, más que abogados de la parte que los paga.

Nuestros defensores técnicos, libres de tal juramento, no incurrirían en tamaña hipocresía: representando claramente una de las partes, asesorarían a la defensa con aquellos argumentos científicos que, para el jurisconsulto, pasarían inadvertidos.

* * *

El defensor debe ser nombrado por la parte, o de oficio. Hallase obligado a asistir a *los juicios públicos por delitos,* y *durante el período instructor,* una vez iniciado el procedimiento formal, o en el caso de *experiencias psiquiátricas,* en que particularmente puede suscitar la controversia de las diversas opiniones; empero será discrecional su asistencia a los otros actos de la instrucción y a los juicios públicos sobre *faltas e infracciones,* porque estas revisten menos importancia y no promueven discusiones en orden a la existencia del delito. Por consiguiente, en el primer caso, la autoridad debe facilitar un defensor de oficio al acusado que carezca de él; en el segundo, podrá verificarlo, a instancias del procesado, si lo estima oportuno.

Compete a la parte civil disponer de un defensor, tanto en el período instructor como en el juicio. Donde él no intervenga, tampoco se le nombrará de oficio, pero —he aquí una innovación que reputamos interesantísima— la parte damnificada podrá elevar al Ministerio público una instancia para que él exija en su nombre la oportuna indemnización. Tal norma concuerda perfectamente con nuestra pretensión do que se considere la reparación del daño como una parte integrante de la función represiva. Ella es además preciosísima porque facilita al pobre, que carece de defensor, el modo de hacer valer sus derechos contra el autor del delito de que fue víctima.

Tras de esta innovación, apuntemos otras de cierto interés y transcendencia.

Para obviar el inconveniente, tantas veces lamentado, de que legiones enteras de defensores soliciten a un solo acusado, de esos mal intitulados *Colegios de abogados*, cuyo fin no es otro que eternizar las discusiones, llegando en ciertos casos a la obstrucción, proponemos que no se consienta que un procesado tenga más de dos defensores. Esto implica juntamente el efecto de equilibrar, o a lo menos decrecer la disparidad en las condiciones de los diferentes acusados, algunos de los cuales son asaltados por media población jurisperita, mientras que la indigencia obliga a otros a buscar un defensor de oficio.

Respecto a la comunicación entre el acusado preso y su defensor, pensamos que urge ya desvanecer una contradicción que se advierte en nuestra ley, la cual, facultando al acusado para que solicite, por medio de un defensor, la libertad provisional, autoriza también al juez para incomunicar en absoluto al reo. Importa, por ende, conciliar el derecho de este con las exigencias procesales: a este objeto se nos ocurre que, cuando haya motivo para impedir la entrevista secreta con el abogado, su cliente pueda conversar con él delante del magistrado, quien suspenderá el diálogo cuando lo juzgue oportuno.

* * *

He aquí otra innovación: debe prohibirse a los defensores recibir en su propia casa a los testigos y peritos, una vez que ellos hayan sido citados para declarar ante el correspondiente tribunal.

Nadie reputará superflua esta innovación, ya que la ley castiga el soborno de los testigos. La experiencia nos enseña cuán difícilmente se prueba este delito cuando su autor es un abogado, porque él puede encubrir bajo el celo de la defensa lo que constituye un acto penado por la ley. En nuestra opinión, vale más evitar el hecho concreto independientemente de toda consideración sobre el dolo, fijando como sanción de la infracción una pena leve. Sería inocente pensar que tal disposición no habrá de redimir al defensor del procedimiento por el delito de soborno, cuando pueda probarse este.

Es menester ampliar los derechos de la defensa durante el período instructor para que pueda examinar los autos del proceso; de otra suerte será imposible ejercitarla debidamente. A esto opónese el secreto del sumario.

Nuestro sistema, de grande semejanza con los procedimientos alemanes, concilia las exigencias de la justicia con los derechos del acusado.

El defensor podrá examinar los autos después del acta de acusación en el procedimiento sumarial, y tras de la orden de publicidad en el procedimiento formal: dedúcese de aquí que él podrá conocer el proceso en tiempo hábil para sus fines.

En realidad de verdad, en el primero de los mencionados procedimientos, la auténtica instrucción llevase a cabo en el juicio público, precedido solo de simples indagaciones; el acusado puede, antes de la audiencia pública, presentar sus disculpas, a menos que no pida la apertura del procedimiento formal. Ningún daño puede sobrevenirle del secreto de los autos antes que sobre él recaiga el informe de la acusación.

Con relación al procedimiento formal, hemos distinguido reiteradamente la instrucción en secreta y pública; en esta última, crítica de la primera, el acusado, asesorado por su defensor, podrá justificarse, examinar los testigos, solicitar la repetición de algunas providencias, etc. Huelga notar que, únicamente en este segundo período, su defensor habrá menester el conocimiento de los autos precedentes.

Nuestras observaciones son, por tanto, plenamente lógicas, creyendo no haber dado motivo a una sola excepción para el caso de que, negada la libertad provisional, el acusado se oponga por todos los medios a su alcance. En el fondo, también hoy existe en semejante caso el derecho de examinar los autos, porque correspondiendo, según la ley vigente, al fiscal la acusación, la defensa aprestase a estudiar dichos autos. Ningún inconveniente puede haber en que el defensor ejerza tal función cerca del juez instructor, garantizándose mejor el interés social de la represión con esa facultad del juez para negar la lectura de los autos, cuyo secreto se impone para el éxito de la instrucción procesal. La legislación germánica nos ofrenda abundantes ejemplos de esta verdad.

Criticando ciertos actos que, por su naturaleza, no deben ser secretos, verbigracia, el interrogatorio del acusado, entendemos que debe facultarse incondicionalmente al defensor para examinarlos en cualquier momento de la instrucción, o bien obtener una copia de ellos, luego de unidos al resto del sumario.

Respecto a las infracciones de los defensores en materia de procedimientos disciplinarios, creemos que, no especificándolas suficientemente la ley vigente, debiera establecerse contra ellas muy severas sanciones penales.

Así, previendo el caso de que la transgresión del abogado suscite una dilación en la causa de un acusado preso, opinamos que es de justicia autorizar al juez para que condene al defensor a indemnizar congruentemente al procesado.

La «psiquiatría» como prueba en los juicios penales

Quienes sigan con interés la evolución de la ciencia, no pueden desconocer la importancia de los modernos descubrimientos psiquiátricos. El nuevo código italiano sanciona teóricamente, como sus precedentes, la irresponsabilidad penal por desórdenes mentales, empero las exigencias de la tutela social han forzado a instituir los *manicomios criminales*[1], si bien conservando el sistema de la pena atenuada en los casos de responsabilidad por desaparecer o aliviarse la afección morbosa.

Los *procedimientos* no sirven solo para dictar la norma congruente a la aplicación de las leyes penales, no son únicamente su complemento y consecuencia, sino que representan también algo intermedio entre el código y la ciencia.

En efecto; el código determina los límites de la responsabilidad en orden al estado morboso de la mente, y la ciencia indica cuáles son los caracteres de esta morbosidad. El código ha menester de la ciencia: los *procedimientos* expresan y fijan las orientaciones que al servicio de aquél aporta esta.

Las conclusiones positivistas que aseveramos rotundamente, no deben preocupar a los fautores de la disciplina penal, que, en su inmensa mayoría, profesan otras teorías. Nuestro positivismo no implica ningún peligro.

El *procedimiento* ha de concretarse a establecer la pauta mejor para utilizar más eficazmente los medios de que dispone la ciencia moderna para llevar a la práctica las bases fijadas por el código. Así, para lograr este resultado, partiremos de los extremos asentados por el código penal respecto a la determinación de la responsabilidad.

Proponemos en el art. 295 de nuestro proyecto, que modifica la parte segunda del 236 del código vigente, que debe nombrarse un perito psiquiatra «cuando el *interrogatorio* del procesado, sus *antecedentes,* las *circunstancias especiales* del hecho, u *otras notas,* autoricen a suponer que él no *era* en su sano juicio al cometer el delito, o que padecía una neurosis *epiléptica* o *histérica.*»

Indagando el juez estos diversos elementos, puede completar la prueba de la enfermedad. Y nótese que significan muy mucho los datos anamnésticos y las circunstancias especiales en que se consumó el delito, para aseverar la existencia de una monomanía o de una neurosis. Convendría clasificar

1 El art. 47 del proyecto ministerial otorga al juez la facultad de recluir en un manicomio al irresponsable por enfermedad mental. La Comisión parlamentaria que entiende acerca de dicho proyecto y el Senado, para ofrendar a los principios de la escuela clásica, han suprimido semejante disposición. Hagamos votos porque, en el texto definitivo, subsista la opinión del Ministro.

minuciosamente las dos *magnas neurosis* que casi siempre surgen en los criminales: la *epilepsia* y el *histerismo.* A fines de 1873, la *Sociedad de Medicina Legal,* de París, acordó en una de sus sesiones que, «las reglas generales empleadas para determinar la responsabilidad de los alienados, deben aplicarse a la *epilepsia,* no olvidando las singulares dificultades que presenta una afección que nos aqueja súbito en plena lucidez de la razón, y que desaparece sin dejar ninguna huella tras de sí». Al propio tiempo declaró que, bajo el nombre genérico de *epilepsia,* importa incluir «los estados morboso que ofrecen idénticos caracteres *intermitentes, convulsivos, violentos,* aun diferenciándose en el tipo, la intensidad, la frecuencia y la duración».

Y en verdad, que es lógico catalogar en tal índice nosológico los síntomas mentales que corresponden a las etapas principales de la epilepsia, a saber: el *accidente epiléptico,* el *nerviosismo,* la *convulsión,* y por fin, la *demencia epiléptica.* Los desarreglos mentales «que surgen en primer término, forman parte del acceso propiamente dicho, siendo muy extraño que, en orden a estos hechos, háyase residenciado la epilepsia en los ganglios centrales o en los ganglios inferiores del cerebro: parece que tales desórdenes afectan a los centros cerebrales *superiores,* primero que a los centros inferiores»[2].

Respecto a los casos en que la conciencia turbase más o menos, corriendo el peligro de ser adormida, deberá adoptarse un criterio análogo al empleado por la ciencia penal más ortodoxa con relación a la embriaguez, en su cuádruple clasificación, cada uno de cuyos grados atribuye, respectivamente, a las acciones del hombre diferente responsabilidad[3].

Muy cierto que la investigación de la epilepsia es harto más difícil, porque los accesos son intermitentes; alguna vez median entre ellos largos intervalos, y cuesta bastante discernir el *equivalente psíquico o* epilepsia *larvada,* en que una manía transitoria reemplaza a las convulsiones ordinarias. Además hay casos en los cuales la perturbación mental precede al acceso epiléptico. Empero, cuando la ciencia inquiere, mediante riguroso método, la existencia de una neurosis caracterizada por una múltiple forma epiléptica, no debe desconfiar del éxito de sus gestiones solo porque el diagnóstico no pueda hacerse en tal caso sin condiciones técnicas, conforme acaece en la embriaguez. Quizá se lucre de ello algún provecho, mostrando más resistencia a admitir la *locura transitoria* como disculpa de un delito, cuando no se descubren en su autor trazos de epilepsia.

Cabe afirmar lo mismo de la otra gran neurosis, del *histerismo.*

«En la amplia y varia serie de los fenómenos del histerismo, adviértense con rara constancia las anomalías psíquicas, aunque ellas, en la mayor parte de los enfermos, se limitan a desarreglos psíquicos elementales —*caracteres histéricos*—. De igual suerte que para la locura epiléptica, podemos distinguir las formas psíquicas pertenecientes al histerismo:

1.° En estado de *locura transitoria, que sustituye a los accesos convulsivos.*

---

2 MAUDSLEY, *La responsabilità nelle malattie mentali,* páginas 245 y 246. Traducción por Tamassiar, Milán, Dumolard, 1875. —LEGRAND DU SAULLE, *La folie devant les tribunaux,* capitulo XI.

3 Cons., entre otros, PESSINA, *Elementi di diritto penale,* p. 210 y sig. Nápoles, Marghieri, 1880.

2.° En estado de *delirio con postración,* análogo a su equivalente postración psíquica.

3.° En *psicosis histérica.*

«Nótanse entre las primeras formas ciertas *ansias violentas,* con turbación de la conciencia, análogas al *petit mal* de los epilépticos, y delirios histero-epilépticos, análogos al *grand mal,* en el que la conciencia sufre absoluta anulación»[4].

El descubrimiento de los caracteres neuróticos en un procesado, no debe llevar forzosamente a la declaración de irresponsabilidad o de responsabilidad limitada. No cabe dudar que los epilépticos son plenamente responsables cuando delinquen entre dos accesos[5], si estos no se repiten con mucha frecuencia, porque entonces puede ocurrir que el enfermo atraviese por un estado idéntico al del sonámbulo, esto es, que aparentemente se halle en su juicio, pero sin tener, en realidad, conciencia de las propias acciones[6]. Igualmente, la analogía sustentada por Lombroso entre la locura moral y la epilepsia, no puede implicar la consecuencia de que los epilépticos no son responsables de sus delitos, según el nuevo código penal, porque la locura moral de que nos habla el sabio ilustre, es la exageración de los caracteres de la criminalidad *innata o instintiva*[7], en que no se halla anulada la conciencia de los propios actos que, para la nueva ley, es la condición *sine qua non* de la irresponsabilidad.

De todos modos, si cabe sentenciar en algún caso la inimputabilidad, por epilepsia o por histerismo, el manicomio criminal, acogiendo en su recinto al delincuente con arreglo a lo preceptuado en el art. 47 del nuevo código, auxiliará a la sociedad mejor que la pena temporal.

Sin embargo, la ciencia enseña que los accesos epilépticos, en sus diversas formas, renuévanse tras de largos intervalos y aun después de muchos años, y que, por tanto, existe en los epilépticos una *locura periódica* y una *locura circular*[8].

El manicomio criminal, donde no ha de permanecerse más que el tiempo preciso para curarse, es un tratamiento justo y lógico que garantiza la paz social, mientras que el enfermo recibe los remedios que su dolencia exige. *Molestus est medicus furenti fraenetico si ligat, at ut sanet optimus vel ne alios offendat*[9].

---

4 KRAFFT EBING, *Trattato clinico pratico delle malattie mentali,* vol. II, cap. VII, traduc. Tonnini y Amadei, Turín, Bocca, ed., 1886. Cons. también la obra del mismo autor, *La responsabilitá criminale,* traduc. del Prof. Raffaele, pág. 114-122, Nápoles, año 1886.

5 Discurso del Prof. LACASSAGNE en el Congreso de Antropología criminal de Roma, en 1885. Cons. las *Actas del Congreso,* pág. 279.

6 KRAFFT EBING, *Ob. cit.,* cap. VI.

7 Discurso del Prof. LOMBROSO, *Actas del Congreso citado,* p. 277. Cons. también a FERRI sobre el mismo asunto, p. 279.

8 KRAFFT EBING, *Ob. cit.,* cap. VI.

9 DE ANGELIS, *a Scamno.* Trac. crim. Nápoles, 1741.

Conviene muy mucho que los jueces no se olviden de esto, singularmente ahora que el nuevo código les abroga la facultad de recluir al delincuente loco en un manicomio criminal. Por esto proponemos que el perito psiquiatra dictamine en última conclusión *si el procesado puede o no repetir* el mismo hecho criminoso. Llamando la atención del juez acerca de la posibilidad del peligro, será más difícil que el digno funcionario asuma la responsabilidad de una imprudente excarcelación.

Ahora bien; importa extraordinariamente ponerse en guardia contra las *simulaciones* de la epilepsia, harto frecuentes, en particular de parte de los individuos afectos de alguna neurosis menos apreciable, como el *histerismo*. El doctor Sommer ha publicado la historia de una amnesia simulada por un epiléptico[10]. Los *histéricos* fingen también los síntomas más graves de su *especial dolencia* y especialmente el acceso convulsivo, «efectuándolo por diversos motivos, para atraer sobre si la atención de los demás, por vanidad o por lucro, para calumniar a otro, para no trabajar, por capricho, por perversidad, por afligir a quienes les rodean y poner en un aprieto al médico, para hacerse perdonar alguna falta, etc., etc.» Los *epilépticos* «fingen el acceso completo cuando ignoran el modo de simular un acceso parcial, como la epilepsia larvada»[11].

La ciencia enseña los sistemas hábiles para reconocer semejantes fraudes, que pueden engañar a los jueces en los *juicios orales*. Empero, aquí como en infinitas ocasiones, la experiencia vale y puede casi más que la ciencia. Por esto apuntamos en nuestro art. 298 que, para la generalidad de los casos, la permanencia en el hospital no debe exceder de dos meses —lapso más que suficiente para diagnosticar una afección mental—, pudiendo dilatarse a instancia de los peritos, siempre que estos hallen motivos para dudar de la simulación de la neurosis, en cuya circunstancia podrán ampliar hasta seis meses dicho período, excepto cuando, reconocida la existencia de la enfermedad, convenga que el procesado continúe en el manicomio. El código penal alemán, a la vez que faculta a las autoridades judiciales para ordenar la reclusión, en un establecimiento público, del procesado que presenta síntomas de enajenación mental, fija el *máximum* de la duración de tal encierro en seis semanas (art. 81); y en otro artículo (83) concede a dichas autoridades poder para ordenar nueva observación parcial cuando estimen insuficiente la primera, lo que en cierto modo implica la facultad de prolongar el tiempo de semejante reclusión.

Juzgamos preciosísima la disposición de la ley tudesca autorizando a los defensores para solicitar que sus patrocinados sean sometidos, en caso necesario, a las experiencias psiquiátricas. Recluir a un hombre en un manicomio es algo que puede acarrearle gravísimos perjuicios, algo más transcendental que encerrarle en la cárcel; por el contrario, la demostración de que padece una monomanía o una neurosis puede librarle de la infamante nota de criminal.

---

10 Cons. *Archivio di Pschiatria, Scienze penali ed Antropologia criminale*, vol. V, p. 363, Turili, Bocca, 1884.

11 *Memoria*, por el Prof. VENTURI, ob. cit., p. 290 a 294

Van en ello intereses vitalísimos, pudiendo ser de gran eficacia la intervención de un defensor, reclamando la atención de los peritos y jueces acerca de hechos y particularidades hasta allí ignotas o mal interpretadas.

No intentamos, arguyendo de esta suerte, reproducir la facultad de suspender a su instancia el mandamiento que ordena la reclusión en un manicomio, que la misma ley concede al defensor.

Esta suspensión puede perjudicar a la tranquilidad pública, tratándose de un loco peligroso; semejante procedimiento es análogo al de la prisión preventiva; uno y otro pugnan con los intereses sociales que se hallan muy por cima de cualquiera otra consideración.

Garantiza ya suficientemente a los ciudadanos haber impuesto al juez *la obligación de oír al defensor del acusado* y de *asesorarse de un perito* en los casos especiales a que nos venimos refiriendo. La defensa puede siempre oponerse a cuanto le plazca; pero, como en orden a la prisión preventiva, nunca debe pretender que se suspenda la acción judicial.

Importa extraordinariamente que se conceda al perito el derecho de examinar los autos del proceso e informarse de labios de la misma autoridad acerca de cuantos datos sea posible obtener sobre la *vida anterior del acusado* y las *condiciones de salud de sus ascendientes y colaterales.* Estas notas son, en un informe pericial psiquiátrico, de suma importancia. No cabe dudarlo, por lo que habremos de limitarnos a consignar la utilidad de realizar semejante información durante la *formación del sumario* y ponerla en conocimiento de la *autoridad judicial* antes del juicio oral o de oír el informe del defensor, según hoy se acostumbra, porque tal práctica no será en absoluto falsa, pero por lo menos es algo sospechosa. Siguiendo nuestras instrucciones, la prueba psiquiátrica llegará a *su plenitud a la conclusión de las primeras actuaciones,* y el juez, convencido de la irresponsabilidad del acusado, podrá evitar un debate inútil y patrocinar eficazmente a la sociedad, ejercitando la facultad que le concede el art. 47 del código penal. Esto no impide ni exige la comparecencia del acusado ante el tribunal; el informe pericial, laborado con todos los medios científicos, mediante largas observaciones y con ayuda del defensor, valdrá infinitamente más que cuanto pueda improvisarse en la audiencia pública.

Los términos

Leemos en Cesare Beccaria: «*Cuanto más pronta y congruente al delito cometido sea la pena, tanto más justa y eficaz será. Digo más justa, porque librará al reo del cruel e inútil tormento de la incertidumbre, que se exacerba con el ardor de la fantasía y con el sentimiento de la propia flaqueza: más justa, porque, siendo una pena la privación de la libertad, no puede preceder a la sentencia sino cuando así lo demanda la necesidad.* EL PROCESO DEBE SER CONCLUSO EN EL PLAZO MÁS BREVE POSIBLE.

»*La prontitud de la pena es más útil, porque cuanto menos tiempo transcurre entre la pena y el delito, con tanta mayor pujanza y firmeza considérase aquélla como efecto de este.*»

La prontitud y la celeridad son condiciones singularmente indispensables en la instrucción del proceso penal: en efecto, de ellas depende la libertad del ciudadano perseguido injustamente, o la aplicación rápida y oportuna de la pena al delincuente. En este punto surgen hoy graves inconvenientes, que reclaman la atención de los Ministros encargados de los negocios de la Justicia.

La prudente designación de los términos contribuye directamente a la brevedad del proceso instructor. Todos nos hallamos convencidos plenamente de esta verdad.

Dos intereses han de conciliarse en la designación de los *términos* en el proceso penal: uno social, para la mayor celeridad posible en la instrucción; otro individual, para la garantía del acusado, a fin de que pueda preparar su defensa y de que se respeten las reglas del procedimiento.

Ahora bien; importa estudiar con sumo cuidado, en la determinación de los varios términos, si son suficientes para el cumplimiento de los formulismos legales, ora mediante la preparación de las pruebas, o por la noticia de aquellos actos, en cuya virtud se conceden diversos términos; empero, siempre de suerte que no se dilaten más del tiempo verdaderamente necesario. En el gravísimo y transcendental problema de la represión social, interesa no hacer concesiones a la indolencia o negligencia de los condenados; antes bien, urge sacudir la inercia, excitando la iniciativa individual.

Es menester, igualmente, inquirir porqué las disposiciones del vigente código en orden al valor preciso de los términos autorizan con tanta frecuencia anulamientos, dejando siempre, durante la instrucción del proceso, perplejos a los jueces, preocupados en evitar aquéllos. Distingamos, por tanto, los términos *perentorios* de los *reglamentarios*, conforme la sana doctrina jurídica nos enseña.

El art. 135 de nuestro proyecto define los términos perentorios, reproduciendo la exacta y clara noción del art. 46 del código civil: un criterio práctico para reconocerlos en su efecto es la sanción de la ley, que atribuye a su transgresión la decadencia o la nulidad: esta condición les es aneja o inseparable: no deben, por tanto, ser prorrogados más que en los casos y en la forma legal, según demostraremos después.

El art. 143, por el contrario, considera los términos reglamentarios en el justo y práctico valor de un precepto moral. Los funcionarios del orden judicial y los defensores deben velar por el escrupuloso cumplimiento de los mismos. Permítasenos repetir una observación acerca de la cual hemos insistido en varias ocasiones: atribuimos suma importancia a estos preceptos, impuestos a la conciencia y a la mente de los funcionarios, persuadidos de que influyen más prácticamente que todas las normas precisas y rotundas de los procedimientos jurídicos. El magistrado, inteligente y laborioso, que interprete el verdadero espíritu de la ley y de las instituciones, aplicará aquélla más correctamente que aquel otro colega suyo que, abismándose en el laberinto de las formas procesales, puede tropezar siempre el medio de burlar la ley, enmascarando a la sombra de esta su ignorancia y la propia negligencia.

Precisa, en nuestra opinión, insistir, en orden a la vía administrativa y disciplinaria, cada vez más acerca de la observancia de estos preceptos legislativos de índole, si place así, moral, que implican el verdadero secreto del recto funcionamiento de las leyes, ya que, a tal fin, no basta la garantía de los ciudadanos: hay varios remedios contra la conculcación de la ley, ¿pero existe alguno eficaz contra la indolencia y apatía de los magistrados? No nos cansaremos de predicar que debe la educación jurídica orientarse hacia esta convicción, supuesto que la ley no es un manual de retórica, ni contiene sanciones inútiles y caprichosas; que importa extirpar el prejuicio de que las reglas morales nada valen prácticamente. Solo así podrá impugnarse el espíritu de los sofismas y cavilaciones que, al presente, amenazan derrocar aún las normas legislativas más firmes y precisas.

Ahora bien; la sanción que acompaña al cumplimiento de los términos reglamentarios es administrativa y disciplinaria; ella resuélvese en una fórmula de responsabilidad, como las establecidas para los funcionarios en las esferas política y administrativa.

Los arts. 136, 137 y 138 contienen la norma para la computación de los términos, en cuyo problema los jurisconsultos franceses profesan la máxima *Dies termini non computandus in termine.* Por nuestra parte, adoptamos el principio consignado en el art. 43 de nuestra *Ley de Enjuiciamiento civil: En el cómputo de los términos fijados no debe comprenderse el día de la notificación;* sistema copiado por el código civil tudesco (art. 42). Sin detenernos a discutir los motivos que justifican este precepto, aseveraremos únicamente que tiene en su pro el sufragio de la sabiduría jurídica romana: *Ubi lex duorum mensium fecit mentionem et qui sexagesimo et primo die venerit, audiendus est*[1].

No cabe prorrogar los términos perentorios: he aquí la regla general, cuyo cumplimiento importa a todos. Empero, si la persona a quien favorece el término no puede de ningún modo aprovecharse de él por causa de *fuerza*

1 Fr. 101. *D. de div. reg. juris.*, 50, 17.

mayor, o ya lo deja transcurrir inútilmente sin que se le advierta de que no le obliga la ley, ¿será lícito, por respeto a dicha regla general, privarle de un beneficio que la ley estaba pronta a concederle?

El código vigente enmudece a este propósito; mas una jurisprudencia benévola, establecida singularmente por el Tribunal Supremo de Nápoles, recurriendo a los principios, afirma muchas veces que la fuerza mayor, reconocida, y la omisión de la advertencia al propio interesado de los términos fijados para entablar recurso, impiden el transcurso de los términos perentorios.

En realidad de verdad, sería altamente eficaz propagar esta jurisprudencia, que exterioriza un aspecto deficiente de nuestra ley. Mas preferimos el código alemán, que, de acuerdo con el espíritu práctico que lo informa, disciplina tal argumento, instituyendo la restitución en absoluto. De esta suerte, dificultando enormemente las infracciones contra los preceptos legales que fijan los términos perentorios, no se deniega el justo remedio en los casos en que él surge con imperiosa necesidad.

Interrogatorio de los acusados

Imposible determinar las fórmulas que deben acompañar a ciertas instituciones jurídicas, sin inquirir su objeto y su verdadero valor.

Tal acaece con el interrogatorio del acusado, acerca de cuyo problema circulan entre las escuelas numerosísimos prejuicios y equívocos. El interrogatorio, aseverase por algunas, debe servir únicamente para disculpar al acusado; es un medio de defensa, del cual puede el interesado hacer caso omiso; el Estado no tiene derecho a forzar al reo para que confiese su delito. Antes bien, observa Glaser en su estupenda *Memoria* sobre el código austríaco, «todo interés privado debe supeditarse al interés público del castigo de los delincuentes. Toda autoridad se halla obligada a cooperar con su presión a que el reo no se libre del castigo y el inocente no sea perseguido, y a que resplandezca la verdad. El propio acusado debe contribuir a este fin y proporcionar a la autoridad los medios hábiles para demostrar su inocencia; empero, será difícil obligarle, directa e indirectamente, a que confiese su delito.

»Todos los pueblos, continúa, lo practican así, exceptuando Inglaterra y en los países donde se ha adoptado una legislación afín a la británica, porque en ellos impera la máxima de que nadie tiene el deber de delatarse o declarar contra sí mismo. Tampoco faltan en Europa quienes sustenten esta opinión. Empero ellos, aunque aperciban en semejante teoría un progreso enorme, no pueden ignorar que, pugnando con todas las legislaciones, carece de fundamento científico y se halla en contradicción con la conciencia popular».

Importa no confundir estos dos conceptos: el deber del acusado de confesar su delito y el derecho del Estado a tal confesión. Debe excusarse al delincuente que niega su culpa, porque la conciencia de su deber hallase anulada por el sentimiento de conservar la libertad, sin que esto signifique que no tenga obligación de hacerlo; y porque, confesando, realiza una acción censurable e indigna, a ejemplo de quienes atentan contra la propia vida y la propia libertad.

Únicamente la legislación inglesa y la de América septentrional, nota Mittermayer[1], confían solo al acusador la prueba: la constitución americana afirma rotundamente el principio de que a nadie puede forzarse a declarar contra sí mismo[2].

1 Mittermayer, *Trattato della prova in materia penale*, parte IV, cap. XXXIII.

2 M. Pagano, *Principii del Codice penale*, op. post. Milán, 1803, p. 135 y siguientes.

Muy contados jueces de paz ingleses intentan arrancar de los reos la confesión[3]; la ley inglesa de 1883 sobre quiebras admite, en su art. 17[4], el interrogatorio jurado del individuo en quiebra.

En Europa confiase ciegamente en la confesión del acusado, siendo ella espontánea y en concordancia con los elementos recopilados en el proceso; por eso producen grave escándalo las absoluciones de los jueces en las causas que carecen do tal confesión. Los escritores italianos más eminentes admiten teóricamente esta opinión[5]. El código holandés formula en su art. 403 la teoría de la confesión jurídica en los siguientes términos, harto claros para comentarlos: *La confesión del reo de haber cometido un delito, del cual es acusado, puede suministrar una prueba absoluta de su culpabilidad, si tal confesión va seguida de una indicación precisa y exacta de las circunstancias, ya conocidas, ora por la declaración conforme de la parte damnificada, o por otras pruebas.*

En virtud de la suprema importancia que en los juicios reviste la confesión del acusado, las legislaciones háyanse esforzado por acumular garantías de eficacia sobre el interrogatorio, que es el medio hábil para obtener la confesión, o ya si el acusado se disculpa para obviar ciertos inconvenientes que surgen a cada paso en este extremo del procedimiento jurídico.

El código penal de Austria que, conforme advierto el mencionado Glaser, ha suscitado múltiples errores a este propósito, dice, en su art. 198, que el interrogatorio del acusado debe ser presenciado por dos testigos judiciales, ora porque así lo pida el mismo interesado, o porque el juez lo repute necesario.

La tesis de la publicidad de la instrucción previa, uno de los puntos más importantes en la discusión del proyecto francés, reflejase naturalmente sobre este argumento del interrogatorio, donde la publicidad puede en realidad ser una inestimable garantía de la sinceridad de aquél.

Indicábase, en el proyecto del Gobierno francés, que, exceptuando los casos urgentes, debía asistir al interrogatorio el defensor del procesado, y facultativamente, el Ministerio público y la parte civil[6].

El Senado, en el artículo 129 de su proyecto —correspondiente al artículo 119 del presentado por el Gobierno— modificó tal proposición, en el sentido de que ninguna de dichas tres entidades habían de presenciar el interrogatorio[7].

Mas, la Comisión del Congreso de los Diputados hizo resurgir el primitivo proyecto del Gobierno, exceptuando cuando se *prohibiese toda comunicación,*

---

3 STORY, *Commentaries on the constitution of the United States.* Boston, vol. III, pág. 660.

4 PHILIPS, *On evidence,* p. 116.

5 *The Bankruptcy,* act. 43 y 47, Vict. ch. 52.

6 *«Hors le cas d'urgence, si l'inculpé est pourvu d'un conscel, le Juge ne pourra l'interroger qu'en presence du défenseur, ou celui-ci dûment appelé. Le Procureur de la République et le conseil de la patrie civile ont également le droit d'assister aux interrogatoires».* Art. 119, Projet du. code d'instruction criminelle. (LEROYER, *Senat.,* sess. extraord., 1879, núm. 7, página 39 y siguientes.)

7 *Rapport au nom de la Commission chargée d'examiner le projet de loi tendant à réformer le code d'instruction criminelle.*

DAUPHIN, *Senat.,* sess. 1882, núm. 63, pág. 35 y sigs.

en cuyo caso únicamente el juez instructor debe hablar con el acusado[8], según proponía la Comisión del Senado[9].

El proyecto belga, que en este problema cierra el paréntesis abierto en el código de enjuiciamiento criminal y cuyas razones históricas escudriña minuciosamente Thonissen, impugna el interrogatorio por contradicción, proponiendo la exclusión del Ministerio público de los actos del proceso instructor y justificando esta medida con el principio de la igualdad jurídica de ambas partes: *La justicia exige, o que se admita para las dos partes la deposición de los testigos, o que no se admita para ninguna*[10].

El insigne Thonissen censura con justa acritud el sistema contradictorio al interrogar al acusado. Tal procedimiento, asevera, entorpece inevitablemente el proceso. En efecto, si la presencia de las partes no ha de ser un formulismo estéril, precisa que se faculte al acusado, a la parte civil y a los defensores, para hacer observaciones, plantear cuestiones, criticar los términos de las respectivas conclusiones; de esta suerte, continuaremos abismándonos en estériles y confusos debates, surgidos a veces de insulsos incidentes, de cuya amplitud el propio acusado será la primera víctima...

Por otra parte, excepto en los casos urgentes, no podrá el magistrado interrogar al reo en el instante en que reciba confidencias inesperadas. Nuevos autos y nuevas complicaciones vendrán a enmarañar el ya laberíntico procedimiento.

Por último, tras de observar que, a lo menos en lo que concierne a Bélgica, es inexacta la tan cacareada servidumbre de los jueces instructores al Ministerio público, Thonissen concluye que no precisa que dicho Ministerio, en unión del defensor y de la parte civil, intervengan en el interrogatorio[11].

Nosotros, para conformarnos con la solución recaída sobre el problema de la publicidad de los trámites de la instrucción procesal, investimos en el procedimiento formal el interrogatorio del acusado, durante el período de la instrucción *secreta,* de todas las garantías más preeminentes que se descubren en los mejores códigos de Europa.

Aseveramos, en su consecuencia, que tan pronto se declare pública la instrucción secreta, y apenas se hallen depositados por ocho días los autos del proceso en poder del juez instructor, de suerte que el defensor del acusado pueda examinarlos (art. 345), dicho juez deberá proceder a un *nuevo interrogatorio* del procesado *en presencia de su defensor,* citando de oficio, para que asistan al mismo, al fiscal de Su Majestad y a la parte civil (art. 346).

Rara vez acaece en la práctica que el juez nombrado para instruir un proceso por delitos leves, necesite tomar declaración a un ciudadano, acusado como autor de un hecho, sin que aparezca contra él ningún indicio serio. No es correcto que le cite como testigo: tampoco es justo expedir en su contra una

8 Rapport fait au nom de la Commission chargée d'examiner le projet de loi adopté par le Sénat sur l'Instruction criminelle, par M. René Gobbet, Chambre des Députés, 3 legisl., sesión extr., 1883, pág. 33.

9 DAUPHIN.

10 NYPELS, Rapp., pág. 89.

11 THONISSEN, Chambre des Reprósentants, Documents, session de 1881-82, pág. 409.

orden de comparecencia, suficiente por sí sola a caracterizarle de acusado, y cuya publicidad puede perjudicarle muy mucho en la estimación de sus conciudadanos. Para reparar este mal, proponemos, como fórmula especial, que se remita *dentro de un sobre cerrado la citación.*

La prisión preventiva

He aquí una cuestión en la que, como en ninguna otra, la experiencia lograda en nuestros largos años de ejercer la magistratura, nos ha enseñado un sistema que concilia los derechos del ciudadano con las exigencias de la represión, suministrando al juez normas racionales y, a la vez, claras y precisas.

Creemos útil anticipar algunas ideas respecto de nuestro criterio acerca de la prisión preventiva. Cuando se perpetra un delito y, en torno de su autor, surgen sospechas, no vagas é indeterminadas, sino precisas, rotundas y concretas, aunque no se tenga la convicción plena de su culpabilidad — no cabe determinar *a priori* en qué punto del período de instrucción ocurre esto—, es justo y necesario que la sociedad se prevenga con ciertas medidas coercitivas; como en la esfera del derecho civil, el particular que reivindica una cosa suya, se garantiza con el embargo judicial o con la acción posesoria. Entre la policía preventiva y la justicia represiva no puede surgir una zona, neutra; la policía judicial debe disponer de medios aptos para la tutela social; entre estos cuéntase la *prisión preventiva.*

»Cuando la acción penal del Estado recae sobre el delito o el delincuente, o bien sobre su grado, su forma o su intensidad criminosa, cualquier paso, cualquier descubrimiento forma en la conciencia social un avance de convicción.

»La *convicción,* en el fondo, no es la impresión definitiva sobre el espíritu humano, pero puede parangonarse con tal impresión, que recibe el *cliché* preparado en la cámara oscura del fotógrafo y que es el resultado de sucesivos efectos de la luz; así, si la persona fotografiada se mueve, la impresión definitiva, el retrato, exterioriza y revela en la incerteza de los rasgos el más leve movimiento.

»Por eso, y a fin de dar de mano a teorías infectas de plagios y prejuicios, estudiaremos las leyes del espíritu y el proceso de este en la investigación de la norma de la verdad, en la manifestación constante de la naturaleza y en su auténtica y efectiva interpretación, observando, cómo no instantáneamente, sino de un *modo lento* y *por grados,* aceptamos las afirmaciones surgidas espontáneamente bajo la forma de dudas o de vagos conocimientos, o sugeridas por otros; esta *apropiación,* para darnos cuenta más exacta de la energía del espíritu, traduce la idea o el conocimiento en *convicción,* la afirmación en *verdad.* En esta empresa, en esta labor del espíritu, las afirmaciones no guardan un orden realmente importante: la observación más leve puede ser la causa directa de la convicción mucho más que la observación de mayor transcendencia; de igual forma en la vida diaria, la *simpatía* considérase entre las personas como un hecho insignificante, la observación es reputada sin importancia.

»Apliquemos al proceso penal estas reflexiones: la última palabra, la suprema y decisiva manifestación de la conciencia social, pronunciase en el veredicto definitivo; empero, ello no impide que en la sociedad las convicciones se formen grado por grado y según se desarrolla el proceso. Por eso los juicios públicos se reducen a simples formulismos; la instrucción ha descubierto ya datos importantísimos, que excluyen toda incerteza, que desvanecen cualquiera duda.

»Esta observación no carece de cierto interés. En efecto, ella demuestra la justicia de la prisión preventiva. Cuando, en el trabajo *continuo* é *ininterrumpido* para inquirir y diagnosticar la delincuencia, la sociedad descubre un extremo, un punto, un dato del suceso, cuando su convicción sobre la criminalidad del preso es sólida, cuando tiene conciencia del peligro verdadero y real que ha corrido, ¿por qué no ha de ampliar el formulismo establecido para la generalidad de los casos, siquiera él sea, en el caso particular, perfectamente inútil? ¿por qué no ha de *ponerse en guardia* contra ese peligro, del que no puede dudar?»[1].

Esto refuta la objeción de que únicamente vale la sentencia definitiva, debiendo presumirse inocente al acusado hasta pronunciar aquélla. En realidad de verdad, no debe considerarse al acusado ni culpable ni inocente; es lo que es: *acusado,* es decir, *autor sospechoso* de un delito[2]. Permítasenos insistir acerca de esto.

El momento en que se perpetra un delito revela la existencia de un delincuente: en aquel instante manifestase un peligro social, que, en muchos casos, puede apreciarse entonces cumplidamente.

«No cabe dudar que, bien por la fuerza de la costumbre, o bajo el influjo de la educación jurídica generalmente difundida, somos poco habituados a considerar la delincuencia en el momento de su manifestación, es decir, en el acto perturbador del orden social, sino principalmente en el instante de su declaración por el órgano de los juicios penales. Comunmente, apenas nos preocupamos del delito y de la delincuencia, y sí mucho de la sentencia; aguardamos impacientemente que esta se pronuncie, y nos importa un bledo el instante en que el delito ha conturbado el orden social. Ahora bien; estudiar la delincuencia principalmente desde el punto de vista del juicio público, vale tanto como pretender que, de la ciencia y de la convicción que no puede lograr la sociedad, depende el examen de este gravísimo fenómeno social, justamente en el punto en que debiera ser criticado. Así, considérase el peligro social, no al manifestarse el delito, sino en el momento posterior y accidental de la sentencia, suplantando además la posición, que realmente por su delito adopta el delincuente ante la sociedad, por otra ficticia que esta le concede

---

1 CARELLI, *Lo stato d'imputazione nell'Archivio di Psichiatria, Scienze penali ed Antropologia criminale,* fasc. III y IV. Turín, 1888. Fr. Bocca, ed.

2 Esto replica suficientemente a la crítica del Profesor LUCCHINI, *I semplicisti,* cap. XI. Cons. FERRI, *I Nuovi Orizzonti,* p. 429, 2.ª ed., Bolonia, 1885, Zanichelli, ed.

solo por la ciencia y la convicción que ha logrado mediante la práctica de sus limitadísimos medios de investigación.

«Los delincuentes que, de modo directo, atenían contra un interés privado, son clasificados inmediatamente y destinados a ser víctimas de la acción criminosa. Por eso, casi concéntricamente, —excepto en los delitos más graves, cuya noticia se difunde con insólita rapidez— el conocimiento del crimen propagase entre los afines al delincuente y a las personas damnificadas por este y entre los grupos más distanciados, hasta extenderse por toda la sociedad.

»Importa notar que, en esta difusión concéntrica, la noción del delito como la del delincuente experimentan profundas transformaciones. Los intereses pasionales, egoístas de los conglomerados menores son sustituidos por el interés colectivo, frío y calculista del conjunto social, que si de una parte garantiza en verdad un juicio más equitativo y recto, de otra reemplaza en compensación la noción directa, precisa, que los protagonistas del delito — autores y víctimas— tienen acerca del hecho, con un conocimiento de segunda mano, indirecto y laborado insuficientemente.

»No intentamos aseverar que, en una sociedad civil, sea posible otro método diverso para la investigación de la delincuencia; queremos decir solamente que interesa no perder de vista este método ni desdeñar esos detalles. El astrónomo, en sus cálculos, tiene en cuenta las distancias, las condiciones atmosféricas, la intensidad de sus telescopios; la sociedad, que juzga a los delincuentes, no puede, ni debe prescindir de estudiar los medios de que dispone, el instante en que ha de emitir su fallo y cuantas condiciones pueden diferenciar la noticia directa e inmediata de un hecho, de un conocimiento adquirido a través del tiempo con escasas referencias de las personas y con datos más o menos exactos.

«Nada de esto puede influir en orden a ciertos tratamientos preventivos, generalmente inadmisibles por fundarse en condiciones abstractas y apriorísticas»[3].

En realidad de verdad, cuando mediante una labor no interrumpida, el poder social, representado por el magistrado, logra descubrir un indicio, un dato del hecho, en cuya virtud afirmase sólidamente su convicción, ora por la revelación de un temperamento criminoso o por la posible imitación del crimen por parte de quienes propenden a delinquir, no viendo además ninguna reacción social contra el delito, ¿por qué aguardar que se cumplan los formulismos establecidos para la generalidad de los casos, pero que pueden holgar en determinadas ocasiones?: ¿por qué la sociedad no ha de precaverse contra tamaño peligro?

Muy cierto que siempre reclama la justicia que el procedimiento se lleve a cabo con todo género de garantía para el procesado, y que no se pronuncie, hasta finalizar la *vista* pública, la sentencia en firme.

Empero, si surge y se prevé el resultado definitivo por la plena convicción del magistrado, que ha de formarse necesariamente, —por ejemplo, en los casos ordinarios de confesión y detención *infraganti* o casi *infraganti*, —¿por

3 CARELLI, *Lo Stato d'imputazione*.

qué la sociedad ha de cruzarse de brazos ante ese peligro, que puede conjurar por medio de la condena?

«¿Podrá dejar morir en la tumba al caído, solo para esperar el sábado? ¿Consentirá crecer y radicalizarse el mal únicamente porque no ha sonado todavía la hora señalada para extirparlo? ¿Cabe negar a la sociedad esa cohesión que debe formar la norma de conducta de los individuos colocados bajo su patrocinio natural y político?

«La sociedad, que se organiza políticamente mediante la constitución de los poderes públicos para la tutela de los intereses individuales y colectivos frente a los peligros internos y externos; la sociedad, que se erige en Estado y que se consolida merced a la organización política, orgullosa de su poder colectivo y de su fuerza, y cuyo objeto final es sustituir las iniciativas privadas en beneficio del individuo, ¿deberá adoptar una norma de conducta signada de imprevisión o de vulgar incoherencia? Debe, pues, prevenir, por los medios más restrictivos, los peligros que amenazan a sus miembros; *prevenir* y atemperar las necesidades de las clases más humildes; dictar leyes y reglamentos escolares con cargo al Estado para *prevenir* los daños de una educación antinacional; realizar el balance del Estado, concediendo supremacía a los gastos ocasionados por las fuerzas de mar y tierra para *prevenir* una guerra; sostener un ejército de policías para *prevenir* los delitos. Ahora bien; entre tanta *previsión* de que el Estado moderno se enorgullece y alaba más, de día en día, hasta exagerar, ¿deberá descuidarse solo cuando se trata de la delincuencia, es decir, de un peligro verdadero, real, no hipotético, surgido por obra del delincuente, cuyas víctimas reclaman pronto e inmediato auxilio, y que temen, en grado más o menos intenso, los otros conglomerados sociales?[4]».

Por desgracia nuestra, las teorías jurídicas, influidas a veces por ciertos prejuicios cuyo efecto es restringir gradualmente la detención preventiva para así llegar a su abolición, descuidan y aun impugnan estos rectos y verdaderos principios de justicia. La difusión de tales prejuicios es causa de que la opinión se incline a menudo en pro de la libertad provisional durante la *instrucción* del sumario procesal.

«Insistimos, nunca se nos antojará suficiente, sobre este concepto: la *prisión* PREVENTIVA debe considerarse como una *consecuencia inmediata y directa del estado de instrucción, como correctivo de las sospechas legítimas que el delincuente ha suscitado entre la sociedad;* debe ser reputada como un medio de segregación provisional hasta que se ponga en práctica el medio definitivo que garantice mejor a la sociedad el alejamiento de un hecho perturbador de sus sentimientos humanos y de sus legítimos intereses»[5].

De otra suerte, estudiada en su conjunto la teoría que precede, debe concluirse que la prisión preventiva no es, en todos los casos, para todos los delincuentes, ni durante el período de instrucción, necesaria; antes por el contrario, subordínase siempre a los caracteres que modifican la *gravedad* del delito, a las tendencias manifestadas por el delincuente, a la necesidad

4 CARELLI, *Lo Stato d'imputazione.*

5 CARELLI, *Lo Stato d'imputazione.*

de la instrucción y al instante en que cabe aseverar que se ha logrado una presunción racional de la criminalidad del preso preventivo.

Ahora solo resta fundamentar sobre bases experimentales este criterio de la prisión preventiva.

La detención preventiva debe iniciarse únicamente en la flagrancia o casi flagrancia de un delito, o por medio de la orden de captura.

Parécenos más exacta y precisa nuestra definición de la flagrancia o casi flagrancia, que la consignada en la ley vigente.

Nada más justo que completar la autorización otorgada a cualquier ciudadano para detener al autor de un delito *infraganti* con la garantía de que han de ser castigados los ultrajes, las amenazas, la resistencia o la violencia que sufra por su acto meritorio. Tal disposición acordase perfectamente, en nuestro sentir, con los principios democráticos y con el espíritu de la vida pública moderna, en cuya virtud todos y cada uno de los ciudadanos deben cooperar al orden público.

Los individuos del Cuerpo de Seguridad Pública hállense facultados para detener, aun fuera de los casos anteriores, a los ociosos, vagos, mendigos y demás gente sospechosa, siempre que recaigan sobre ellos indicios de haber perpetrado algún delito. Huelga notar que tales indicios han de ser *suficientes,* debiendo limitarse tamaña facultad a los casos de delito penado con la reclusión, con la detención o con el arresto cuyo *máximum* no exceda de un año.

El código austríaco autoriza, en los casos de tumulto, sedición o acto delictivo llevado a cabo con el concurso de muchas personas, el arresto de cuantos presencien el mismo y no puedan probar que para nada han intervenido en su realización. En Italia carecemos de un texto legal que sancione semejantes arrestos.

* * *

Acostumbrabase en los días inmediatamente precedentes a nuestra época, a incoar por medio del mandamiento de captura todo procedimiento criminal[6]. Hoy hemos llegado al extremo de reputar dicha orden como una medida excepcional, justificada por circunstancias particularísimas, empleando como forma habitual de interrogatorio el mandato de comparecencia. En este punto, importa evitar las exageraciones, cométense actos tan graves, que no cabe permitir a sus autores, constando de modo claro su delito, que permanezcan en libertad sobre el mismo escenario de su horrible crimen. Hay delincuentes tan peligrosos, que, de proseguir libres durante la instrucción de su proceso, puede presumirse que tornarán a contristar al país con nuevas salvajadas, o bien aterrar a sus víctimas o a los testigos de la acusación, de suerte que imposibiliten por completo toda *prueba.*

En tales casos, aunque la ley no lo consignaba categóricamente, era un deber imperioso del magistrado expedir la orden de captura. Nosotros,

---

6 El art. 91 de la Ley de *Enjuiciamiento criminal* de 1803, facultaba al juez para no expedir mandamiento de comparecencia *sino cuando los hechos eran de tal índole que no podían merecer más que una pena correccional.*

disciplinando esta práctica constante, hemos propuesto que el juez, ante indicios suficientes, debe dictar ese mandamiento contra los acusados de un delito penado con la *pena máxima*, o del más abominable de los crímenes, el parricidio; contra el *homicida voluntario*, salvo en los casos de defensa propia, o en el cumplimiento de las órdenes de la autoridad competente, o para evitar un peligro grave e inmediato, cuya causa no era; contra el autor de lesiones graves ocasionadas para robar; contra el ladrón, con amenazas de muerte, a mano armada, en cuadrilla, con secuestro de personas o de documentos con violencia; por fin, contra quien cometiere algún delito penado con la reclusión, siempre que, durante se instruye su proceso, perpetre otro acto sancionado con igual pena, amenace a su víctima o intente sobornar a los testigos.

Las legislaciones más liberales de Europa prescriben casi unánimemente para estos casos el mandamiento de captura. En Bélgica[7] establécese que si el delito merece la pena de quince o veinte años de trabajos forzados o una más grave, el juez instructor *no puede dejar al acusado en libertad sin la conformidad del fiscal de S. M.*

La ley austriaca[8] dispone que el juez instructor *no debe demorar la orden de captura,* tratándose de un delito incurso en la pena capital o en un *mínimum* de diez años de cárcel.

Nuestra *Ley de Enjuiciamiento criminal* ordena que compete al *juez instructor* expedir el mandamiento de prisión contra las personas sospechosas por sus antecedentes penales, contra los vagos y mendigos acusados de un crimen y contra los indocumentados y sin domicilio fijo dentro del Estado (art. 182), facultando además al *Gobierno* para entregar al Procurador general las *causas* de los delincuentes a quienes los jueces denieguen la libertad provisional (artículo 255).

Estos precedentes legislativos de Italia y de otras naciones justifican en toda su plenitud las teorías que venimos sustentando y que pensamos que nadie censurará.

* * *

Imposible prever todos los casos en los cuales la seguridad pública y la pública moralidad exigen la detención del acusado. Precisa, por tanto, abandonar al criterio del magistrado la apreciación de la conveniencia de aplicar tal procedimiento en numerosísimos delitos.

Nos hallamos, en su consecuencia, frente a dos sistemas: el arbitrio casi ilimitado del magistrado, según ocurre en la *Ley de Enjuiciamiento criminal* de Francia, por la que puede ordenarse la detención del acusado por cualquier delito incurso en prisión[9], y el de la mayoría de los Estados de Europa que limitan más o menos esta facultad del juez.

Nuestro Código vigente faculta al magistrado para expedir la orden de captura en los *crímenes* penados con la muerte, con trabajos forzados, con

---

7 *Loi sur la detention preventive,* 20 de abril de 1874, art. 1.°

8 *Strafprozessordnung,* 175.

9 Confróntese con los arts. 91 *y* 94, modificados, de la ley de 14 de julio de 1865.

la reclusión o el destierro, y en los *delitos* cometidos por *sospechosos, vagos* y *extranjeros;* además en algunos otros especiales, por ejemplo, la *resistencia* o el *desacato a los agentes de la autoridad pública,* el *hurto,* la *estafa* y el *fraude,* y por último, en las imputaciones de *fabricación y expendición* de armas para rebelarse y atentar contra la fuerza pública[10].

Este sistema carece de aplicación en el nuevo código penal, que no distingue entre *crímenes* y *delitos.* Por otra parte, suscitaba no escasos inconvenientes esa facultad amplísima y omnímoda del juez, no supeditada a ninguna norma racional en los *crímenes* y harto exigua en los delitos, muchos de los que entrañan tanta gravedad como algunos crímenes, exigiendo como estos una instrucción secreta y rigurosa.

Las legislaciones de las restantes naciones de Europa, facultando con suficiente amplitud al juez instructor, regulan por medio de algunos preceptos su misión. Examinémoslos, siquiera sea rápidamente.

La ley *belga* restringe a primera vista, en límites reducidísimos, los casos de mandamiento de captura, porque no autoriza al juez instructor para expedirlo contra una persona residente en Bélgica, sino en *circunstancias graves y excepcionales, cuando la seguridad pública demanda semejante providencia*[11]. Empero, el art. 9 corrige esta excesiva limitación, facultando al Gobierno y al *fiscal* para ordenar la detención del acusado de un delito sancionado con penas *aflictivas* o *infamantes,* es decir, con penas *criminales*[12].

Concentrándose en el Gobierno todas las atribuciones de la instrucción jurídica, cabe aseverar que en Bélgica el mandamiento de captura expídase normalmente en los *crímenes,* y excepcionalmente en los *delitos,* cuando estos últimos acaecen en circunstancias graves o cuando atentan contra el orden público.

En Austria, el mandamiento de detención es facultativo en los casos de flagrancia o casi flagrancia, sospecha de fuga —ora por la gravedad de la pena sentenciada, o porque el acusado sea un vago o un indocumentado—, o de reincidencia, de que el delincuente ha de borrar las huellas de su acción, sobornar a los testigos y peritos, dificultando la prueba[13].

El código de Holanda admite la orden de arresto —*gevangenneming*— o su vigencia continuada —*gevangenhouding*— siempre que la infracción caiga bajo un *máximum* de cuatro años de prisión, o en los casos de sustracción, estafa, deserción de un buque nacional, insubordinación contra el capitán de una nave[14], venta de objetos robados, mendicidad y vagancia, o cuando se

10 Art. 182, modificado, de la ley de 30 de junio de 1876.

11 Art. 1.°, *Loi relative à la détention preventive.*

12 Confróntese arts. 134, 132 y 231. *Código de instrucción criminal,* de Bélgica.

13 *Strafprozessordnung,* 175.

14 Los intereses mercantiles y marítimos gozan, según el espíritu y la historia de la nación holandesa, de suma importancia, que se refleja en la represión más enérgica de estos delitos.

presuma la fuga del acusado o exista algún otro motivo intenso en bien de la sociedad[15].

La legislación alemana apenas limita el poder del magistrado respecto de la naturaleza de los delitos; empero, como en Austria, le dicta algunas normas racionales. Así admite la detención preventiva, precediendo el mandamiento de captura:

1.° Cuando se sospecha de la *fuga del acusado, cuyo peligro es de presumir* siempre que se trata de un *crimen,* o cuando el delincuente es un *vago,* una *persona sin domicilio* o de difícil identificación, o un *extranjero.*

2.° Cuando hay motivos para sospechar que *destruirá las huellas del delito o inducirá a los testigos a declarar en falso*[16].

Adviértase, por consiguiente, en la legislación comparada, que precisa recurrir al buen criterio jurídico, con relación a la necesidad de capturar al delincuente, exceptuando en los casos de sospecha de fuga, en los cuales, aun los adversarios de la detención preventiva, admiten semejante providencia.

* * *

Hemos expuesto cuantas razones justifican la detención preventiva. Ahora bien; en orden a la urgencia de la instrucción, puede ser necesaria la detención preventiva del acusado, y cierto que con harta frecuencia, para obtener de los testigos declaraciones sinceras, impedir la intimidación y el soborno, y alejar el peligro de una venganza y de inmediatas represalias[17].

Conviene, en su consecuencia, que se faculte al juez para ordenar la captura del acusado por cualquier delito, e igualmente por ciertas graves infracciones, cuando estas susciten la *alarma pública* o *grave escándalo,* y cuando así lo *reclame la instrucción del proceso.*

He aquí los únicos casos, algo indeterminados, en los cuales importa dejar al criterio del magistrado en amplia libertad. Antójasenos utilísimo, —teniendo en cuenta la falta de tradiciones uniformes en Italia y la diversidad de criterios científicos según las escuelas— definir, con la mayor precisión posible, los casos en que el juez puede ordenar la captura del acusado, a saber:

1.° Cuando haya motivo fundado *para sospechar la fuga* o la *destrucción de las huellas del delito.*

2.° Cuando el acusado pertenezca a una clase peligrosa —delincuentes habituales, ociosos, vagabundos, etc.

3.° Cuando se turbe gravemente el *orden público* —resistencia y desacato a la autoridad.

4.° Cuando así lo exija la gravedad *objetiva* del delito en que deba entender la *Audiencia,* que, entre nosotros, redúcese, con relación a los delitos comunes, a los que demandan un juicio *solemne.*

---

15 *Codice di procedura penale neerlandese,* art. 86.

16 *Strafprozessordnung,* 112.

17 Cons. GAROFALO, *Criminologia.*

5.° Cuando lo reclame la naturaleza especial de ciertos delitos, cuyo autor no puede permanecer en libertad por la *tutela social*, verbigracia, en los casos más graves de *hurto, estafa* y *fabricación de moneda falsa.*

6.° Por la naturaleza especial de algunos delitos, en los cuales, por la justa indignación del público o para evitar represalias, es *útil* y *moral* no dejar en libertad al acusado, por ejemplo, en los *malos tratos* y *reyertas de familia* y *en las lesiones personales que engendren o hagan temer graves consecuencias.*

Estas notas guiarán de modo cierto y seguro al magistrado, evitándole los numerosos inconvenientes que hoy deploramos en tal materia.

* * *

Si hemos de adaptarnos al sistema procesal vigente en Italia, no cabe declarar la legitimidad de la detención preventiva más que en *aquellos casos en los cuales puede expedirse el mandamiento de captura,* lo que implica a su vez la *excarcelación de oficio* en casi todos los *delitos,* aunque el acusado haya sido detenido *infraganti,* y a despecho de que el fiscal de S. M. pretenda servirse de la *citación directa.* Exceptuase únicamente la citación *directísima;* empero esta forma de procedimiento es inexplicable cuantas veces precise realizar, tras del arresto, algún acto instructor, según acaece siempre en los casos de *heridas,* en los que es indispensable, para determinar la gravedad del delito, conocer las *consecuencias de la lesión,* y como ocurre casi en la *mayoría* de los *delitos* más importantes.

Síguese de esto, que el autor de un delito grave, detenido *infraganti*, se ve, con formidable escándalo del público, liberado por orden del fiscal de S. M., a quien la parte brutalmente ofendida acudió en demanda de justicia.

Hojeemos otra vez las diversas legislaciones. En *Holanda* dispónese (art. 86) que el detenido preventivamente, contra quien no pueda expedirse un mandamiento de captura, debe ser puesto en libertad, no olvidando que, conforme hemos advertido antes, los casos en que cabe dictar tal providencia son *más frecuentes* que los consignados en nuestra ley. El código *francés* (art. 113) admite la excarcelación provisional del acusado por un delito penado con un *máximum inferior a dos años de prisión, siempre que él no sea reincidente de una condena superior a un año de la mencionada pena.*

La legislación francesa es, por consiguiente, menos amplia que la nuestra, ya que preceptúa la excarcelación de derecho —exceptuando muy contados casos— para todos los delitos, es decir, para todos los reos —y forman legión— penados con *siete y medio* y hasta con *diez años* de cárcel.

En *Alemania,* ordénase que la detención *infraganti* no debe prolongarse cuando no se *halla justificada* o cuando *han cesado sus motivos* (128), frase algo elástica, que puede referirse a las normas generales de la prisión preventiva (112), dejando siempre al arbitrio del magistrado confirmar la detención de un detenido *infraganti,* porque siendo evidente, en tal caso, la prueba, acentúase más la *sospecha de fuga* de quien no puede sustraerse, de ningún otro modo, al cumplimiento de su condena.

Finalmente, en la ley *austríaca,* el juez instructor puede ordenar la prisión de todo acusado de crimen o delito, sorprendido en flagrancia o casi flagrancia;

empero, la *captura instructora ordinaria* —*Ordentliche Untersuchungshaft*—, o en otros términos, el mantenimiento de la detención no puede tener efecto si no concurren las otras condiciones fijadas por el artículo 175, y que implican todos los casos en que la moralidad pública o el orden social demandan la continuación de la detención.

El actual sistema italiano de la excarcelación *ex officio*, basado sobre la distinción de la competencia criminal y correccional, es, juntamente con el nuevo código, inaplicable, debiendo ser modificado. Parécenos prudente verificarlo en el sentido de que la excarcelación de oficio se reduzca a los casos no penados con *trabajos forzados, reclusión, detención o arresto superior a un año.* No se comprende porqué, en el arresto *infraganti* por un delito incurso en estas penas, o cuando el juez estima procedente ordenar la captura del acusado, sin solicitarlo este, la autoridad judicial deba decretar la excarcelación provisional.

Según la ley vigente, ordenando la remisión de una causa al fiscal o a la Audiencia, debe el Gobierno o la Sala correspondiente de lo criminal dictar a la vez la excarcelación provisional del acusado; ello se armoniza con el principio sustentado de que la detención preventiva no es normalmente necesaria más que en los *crímenes.* Muy por el contrario, opinamos que la urgencia de la prisión de los acusados depende de la índole especial de ciertos delitos o del peligro social que implica la libertad de algunos malhechores, o ya, en fin, de haberse realizado la detención *infraganti* en los delitos penados con la cárcel o en las infracciones más graves. Ahora bien; es evidente que tal necesidad, lejos de cesar por la remisión al juez, se torna más restrictiva, ya que la orden de remisión, confirmando los indicios en cuya virtud habíase decretado la detención, es un nuevo motivo para que ella continúe. Reconocemos, sin embargo, la licitud —en casi todos los casos— y basta la eficacia, así bajo el aspecto económico como en el orden moral, de computar la detención por una fianza congruente, por el confinamiento o por la vigilancia inmediata del Jefe de Seguridad Pública. Empero que se deba, sin previa petición del interesado, excarcelar incondicionalmente al detenido *infraganti,* o por un mandamiento de captura, es decir, cuando por razones especiales se reputa útil tenerle preso; y que semejante excarcelación deba dictarse por el mismo magistrado que, convencido de la delincuencia del procesado, lo entrega a los tribunales, esto antójasenos una incoherencia que desnuda de toda su eficacia a la Justicia.

A fin de ser lógicos y consecuentes con nuestras ideas, proponemos también *la abolición del mandamiento de captura en los casos de remisión a la Audiencia,* porque, o el delito que ha de juzgarse por sus Salas es de tal índole que exige imperiosamente la detención preventiva, en cuyo caso el juez instructor debe expedir el oportuno mandamiento u ordenar la continuación del arresto, o no es de naturaleza que demande tales providencias, pudiendo entonces el acusado comparecer libremente ante sus jueces.

Añadimos a los casos en que cabe prolongar la detención preventiva: primero, aquellos en que procede un juicio sumarísimo, sin formular por escrito la oportuna acusación —citación *directísima* de la ley vigente—; segundo, aquellos en los cuales el delito deba ser penado pecuniariamente, siendo el acusado extranjero, o ignorándose su domicilio, excepto cuando preste una fianza suficiente a compensar el daño causado, disposición tan práctica y útil que nos ahorra todo comentario.

Ocúrresenos para evitar, respecto a la confirmación o legitimación del mandamiento de captura, la pérdida de tiempo y las trabas que impiden las indagaciones, surgidas siempre de la remisión de los autos al fiscal de S. M., o de su retorno al juez instructor, o al juez especial para declarar la licitud de una prisión impugnada por el mismo fiscal; ocúrresenos, decimos, que pudiendo facilitar las gestiones de este último funcionario judicial el conocimiento de las declaraciones del acusado, y acaeciendo fácilmente que ellas sean de tal suerte que desvanezcan los indicios, sería oportunísimo notificar el sumario a dicho fiscal, si este no prefiriese presenciarlo en persona.

Parece que, respecto de la desestimación de legitimidad del arresto, basta un simple *visto* formulado en las veinticuatro horas siguientes al interrogatorio, si la autoridad competente no cree oportuno ordenar la excarcelación.

Para garantir, por otra parte, al acusado, proponemos que tenga derecho a solicitar del juez una declaración formal, impugnando su detención, en el término de ocho días, prorrogables por justos motivos; y que si recae sobre él la excarcelación en el plazo legal o en otro asignado, no se curse su anterior demanda. Huelga ampliar esta facultad a los casos de detención *infraganti,* en los que reputamos inútil la legitimación *de oficio.* Así, pues, o el fiscal de S. M. emplea el procedimiento *sumario* para juzgar la legitimidad del arresto, lo que puede llevar a cabo al verificar la acusación o en el momento de comparecer el detenido ante el tribunal, o confirma la labor del juez instructor, optando por el procedimiento formal, siendo entonces superflua una requisitoria sobre la licitud de la detención, a menos que el mismo acusado no la promueva.

Es de justicia que la detención preventiva concluya *cuando cesen las razones que la motivaron,* o cuando *se modifique la calificación del delito* y el acusado no se halle incurso en ninguno de los casos en que se veda la excarcelación. Nada más natural que entonces se dicte esta *de oficio.* Empero, cuando el mandamiento de captura procede de la autoridad gubernativa, parécenos oportuno que ella no revoque su providencia, sino que transmita *de oficio* los fundamentos legales de tal revocación al fiscal de S. M., que suscitará, a su vez, el procedimiento del juez instructor.

La libertad provisional

He aquí un tema harto discutido y en cuyo estudio importa sobremanera evitar las exageraciones en todos sentidos.

En todos los tiempos se ha experimentado la urgencia de semejante institución ante la imposibilidad de llevar a la práctica el juicio instantáneo y definitivo, inmediato complemento de una indagación rápida, pero completa.

La libertad provisional figura ya, en las postrimerías de la época romana, en la legislación; empero, la sapiencia de aquel pueblo admirable hízola depender de ciertas condiciones, a fin de que no mermase la tutela social, no admitiéndola bajo ningún concepto en orden a determinados delitos: *Divus Pius rescripsit non esse in vincula conjiciendum eum qui fideiussores dare paratus est* NISI TAM GRAVE SCELUS *admisisse eum constet, ut neque militibus committi debeat, verum hanc ipsam carceris paenam ante supplicium sustinere*[1].

Si el acusado carecía de *fiador,* debía continuar detenido; pero el proceso había de finalizarse en un año: *Maneat quidem in carcere; causa autem intra annum terminetur*[2]. Si los fiadores no garantizaban la personalidad del reo, eran multados, y a veces castigados con penas más graves[3].

En los días de los Carlovingios, el acusado que hubiese prestado fianza era puesto en libertad a la conclusión del juicio; algunos proseguían vigilados por la autoridad: *Comprehensus autem, si fideiussores habere potuerit,* PER FIDEIUSSORES AD MALLUM PERDUCATUR, *si fideiussores habere non potuerit, a ministris comitis custodiatur et ad mallum perducatur*[4].

Y en la carta de Beaucaire sobre reforma de la justicia (año 1254), léese:

Porro quod postularent ut nullus captus detineatur a curia qui velit vel valeat IDONEE SATISFACERE, *ipsis benigne duximus indulgere,* NISI TAMEN ENORMITAS CRIMINIS *hoc requirat, quo casu jura scripta quibus utuntur ab antiguo volumus observari.*

Dedúcese de las anteriores frases que la libertad provisional, no decretada sin la congruente garantía, no se admitía en los delitos gravísimos.

La práctica italiana de la Edad Media adoptó también este sistema, considerando la libertad provisional como un derecho en los delitos penados con castigos leves: *Habilitatio habet locum in delictis pro quibus est imposita paena infra relegationem, quamvis de delicto plene constet; cum namque reus offerat fideiussores non erit carceribus mancipiandus, sed habilitari debet.* Viceversa:

1 D. Lib. XLVIII, tit. 3.°, L. 3. *De custodia reorum.*

2 Cod. IX, 3.°, L. 6, 2.

3 D. lug. cit., L. 4.

4 Capit. Karoli II, an 873, jan. 4, 229, ediz. Pertz. Hannover, 1835.

Quando delictum est grave, reus sub fideiussoribus relaxari nequit[5]. No podía concederse la libertad provisional en los crímenes cuando el delincuente estaba *confessus et convictus, quamvis crimen confessus fuerit extrajudicialiter.* Además: *Cessat habilitatio in notorio delincuente.* Y en otro pasaje: *Quare um captus in flagranti, dicitur in notorio delinquente, ampliatur non teneri judicem eum habilitare*[6].

No se desviaron mucho de estos principios las leyes francesas, que denegaban la libertad provisional a los reos castigados con penas *aflictivas é infamantes,* sometiéndola a la discreción del juez, y previa fianza cuando el hecho caía bajo la acción correccional, excepto para los vagos, indocumentados y *reclamados por la Justicia.* Las sucesivas reformas del *código de instrucción criminal* han acabado por determinar que el juez *puede* en todo delito conceder, previa fianza, la libertad provisional, empero solo cuando aquél merezca un *máximum* de prisión inferior a dos años, salvo los casos de reincidencia de una condena superior a un año.

En Alemania no se admite la libertad provisional más que cuando se ordena la detención por sospecha de fuga, y mediante el pago de una cantidad estipulada. Niégase, y ello nos parece perfectamente lógico, cuando la detención obedece a otros motivos, verbigracia, los de sospecha de soborno en la falsificación de documentos o de testigos, y cuando el acusado carece de profesión conocida o es extranjero (117 y 112).

En Austria, establécese como norma general que la detención preventiva debe concluir *cuando cesen las causas que la motivaron.* Por tanto, si se ordenó solo por *sospecha de fuga,* y el acusado presta la *oportuna fianza,* el juez *debe* ponerle en libertad, *siempre que no se trate de un crimen penado con la muerte o con cinco años de cárcel, y si él fue detenido únicamente por sospecha de fuga.* En otro caso, la Audiencia *puede,* en segunda instancia, conceder la libertad provisional, aunque la pena impuesta por la ley exceda de cinco años (190, 192, 194; 175).

Por último, en Italia, practícase la libertad provisional aun en orden a los *crímenes,* si no se hallan penados con la muerte o con la reclusión perpetua, y se rechaza para ciertas especies de *crímenes y delitos,* para algunos casos de *reincidencia* y cuando el acusado pertenece a una *clase nociva y peligrosa* para la sociedad.

* * *

Afirmada la distinción entre *crímenes y delitos,* urgía inquirir una nueva norma para fijar los casos en que procede la libertad provisional. De otra suerte, planteábase la siguiente cuestión:

¿Debe dejarse al juez el arbitrio de conceder o negar la libertad provisional cuando esta sea admisible, o no valdrá más determinar los casos en que él debe concederla o negarla? En otros términos: ¿en qué casos, no exceptuados, será *necesaria o facultativa* la concesión de la libertad provisional al acusado?

---

5 DE ANGELIS, *Tractatus criminalis de delictis. De habilitatione reorum,* caps, I y II, Nápoles, 1741.

6 DE ANGELIS. *Idem,* cap. V.

Tras de controvertir ampliamente el argumento, habemos la convicción de que, *en Italia,* el mejor sistema será el que suprime el arbitrio en tal asunto. Antójasenos efecto óptimo, de una parte, sustraer al juez a las continuas demandas é insistencias o inutilizar la influencia de los otros funcionarios que pudieran pesar sobre su ánimo, y, de otra parte, extirpar las desigualdades que, engendradas por la falta de tradiciones uniformes en todo el reino y por la diversidad de escuelas, tanto dificultan en nuestra patria el tratamiento de los delincuentes. De aquí la necesidad de fórmulas precisas e ineluctables. Harta labor es para el juez interpretar y aplicar la ley en cada caso concreto; no precisa que él mismo se dedique a dictar los preceptos reguladores de la institución de la libertad provisional.

Aludiendo anteriormente al código austríaco, iniciábamos la idea de que debíamos aceptar en nuestra legislación el principio en cuya virtud el mandamiento de prisión pueda ser revocado de *oficio,* habiendo cesado las razones a que obedeció su emisión.

Restanos prever el caso en que subsistan estas razones. Desde luego puede ocurrir que en alguno *deba negarse* la libertad provisional por resultar nociva, ora por la naturaleza del delito, o bien por la índole del delincuente. En otros casos, cabe sustituir sin peligro la detención, aun con cierta eficacia social, por uno o más de estos tres medios coercitivos: una *fianza congruente,* la *confinación* en un lugar vecino, la *vigilancia especial* de la autoridad; de *concederse,* compete al juez designar el medio o los medios aptos para el caso.

Nuestro art. 251 enumera los casos en que no procede la libertad provisional, a saber:

1.° La imputación de un delito, por el que *debe* expedirse orden de captura; siendo ello de simple lógica, nos releva de todo comentario.

2.° La imputación de un delito que cae bajo la competencia de la *Audiencia,* excepto en los delitos de imprenta y los abusos de los ministros del culto: nadie reputará esta disposición soberanamente restrictiva, considerando que, en nuestro sistema judicial, las Audiencias no entienden más que acerca de los crímenes gravísimos o de los que atentan contra el orden público y la moral pública.

3.° La imputación de *violencia* o *resistencia* a la autoridad: la ley vigente amplía este precepto aun para el simple *desacato* o *insulto,* invocando la necesidad de mantener el prestigio de la autoridad.

4.° La imputación de *lesión personal,* si ha durado la enfermedad causada por la herida, o si se teme que sobrevengan las graves consecuencias indicadas en los números 1.° y 2.° del art. 353 del código penal, verbigracia: la pérdida de un sentido, de un órgano, la deformación de la cara, etc. Pensamos que conceder, en tales casos, la libertad provisional, es bastante peligroso por la venganza o represalia, siendo además poco edificante ver al autor de un delito de esa índole pasearse en libertad, mientras que su víctima continúa postrada en el lecho.

Hemos sumado a estas imputaciones, entre los casos exceptuados, las motivadas por algunas circunstancias particulares en las cuales procede la prisión. Helas aquí:

1.° Cuando el acusado *se fugue u oculte, por tratarse de un delito penado con más de treinta meses de reclusión:* este plazo es, en nuestro sentir, injusto, porque también el acusado de un delito levísimo puede, en el primer azoramiento, darse a la fuga, mientras que, considerando más tarde la lenidad de la pena, renunciará fácilmente a su proyecto de evadir la acción de la Justicia, sin que para lograr este resultado precise encerrarle en la cárcel.

2.° La detención *infraganti* o casi *infraganti* en un delito penado con un *mínimum* de treinta meses de reclusión: esta disposición pugna con la ley vigente que niega la libertad provisional a los *criminales* detenidos *infraganti;* empero, hallase justificada plenamente dada la evidencia de la culpabilidad del acusado: ella aleja al propio tiempo la preocupación de que un inocente sufra la prisión preventiva. Cabe argüir a primera vista que es absurda la libertad provisional en *todo caso de detención infraganti.* Acerca de esto, conviene reflexionar que hay delitos en los que procede la detención *infraganti,* y a los cuales corresponde una pena de breves meses y aun de cortos días de prisión, entretanto que el juicio, o por lo menos la sentencia definitiva, puede demorarse largo tiempo después. Nada más justo, por consiguiente, que solo en los delitos de cierta gravedad, la detención *infraganti* excluya la libertad provisional. Sin embargo, cuando dicha detención es motivada por *atentados contra la propiedad,* creemos que no debe admitirse la libertad provisional sino en los más leves, en los penados con un *máximum* de seis meses de reclusión. Ningún delito como estos aborrece la conciencia popular, e insinúa en ella la convicción de cuán impotente es la represión, y tampoco, por otra parte, nada alienta a los malhechores tanto como ver en libertad a un ladrón sorprendido *infraganti,* siquiera se trate de un hurto de mínima importancia. Deberá tenerse presente que el cómputo de la prisión preventiva, obligatorio según el nuevo código penal, evitará que ella agrave la pena: aún menos ha de temerse que el detenido sufra una prisión prolongada injustamente, cuando, sorprendido *infraganti,* deberá sufrir, casi por necesidad, una pena superior a seis meses.

Finalmente, copiando la pauta de todas las legislaciones, pasadas y vigentes, entusiastas de la urgencia de la tutela social, excluimos de la libertad provisional a los acusados pertenecientes a las *clases peligrosas,* como los *vagos,* los *mendigos,* las personas *sin domicilio* fijo, y los *delincuentes habituales,* signados o a punto de serlo entre las personas *significadas* en el crimen, según el criterio de la nueva ley de P. S. (artículo 96), o bien por haber sufrido *precedentemente condena* por la misma especie de *delito,* o ya por un delito grave, penado con una reclusión de más de *treinta meses* —disposición análoga a la inclusa en la ley vigente que deniega la libertad provisional a los condenados con *penas* criminales.

* * *

En todos estos casos puede concederse la libertad provisional sin ningún peligro social, ya que ella no ha de ser incondicional, sino *supeditada siempre a una o varias de las condiciones* siguientes:

La primera de estas es la *fianza,* que todas las leyes, incluso la nuestra, exigen que sea *proporcional,* es decir, suficiente a garantir la ejecución de la sentencia. La experiencia demuestra que los jueces acostumbran a señalar fianzas en cantidad tan exigua, que tal procedimiento casi de nada vale; frecuentemente, aun tratándose de los delitos más graves contra las personas o la propiedad, no se fijan como fianza más que cincuenta o cien liras, cuya suma apenas si basta a sufragar los honorarios del abogado defensor. A fin de subsanar este inconveniente, la ley francesa del 29 Thermidor, año IV, prescribía que, en los delitos contra la propiedad, la fianza debía equivaler al *triple* del valor de los objetos sustraídos, no siendo en *ningún caso inferior a tres mil pesetas,* y en los otros delitos *tampoco podía bajar de mil pesetas.* La ley belga, antes de ser modificada en 1874 (art. 119), establecía la cantidad de quinientas pesetas como fianza mínima.

Parece que muchos jueces han practicado esta última disposición, que ha suprimido, en parte, las escandalosas fianzas de *cien pesetas* por *homicidio.* Y no se tema que el pobre deba permanecer necesariamente en la cárcel hasta que el juez disponga de otros medios de custodia, como la *vigilancia* o la *confinación* en otro lugar. Estas dos medidas cortarán de raíz el absurdo privilegio que disfrutan los indigentes, cuando son puestos en libertad incondicional.

Nosotros proponemos que se exima de la fianza al procesado sobre cuyos bienes ha recaído embargo o hipoteca, para de esta suerte garantir su presentación ante el juez y el cumplimiento de la pena congruente a su delito, y que, viceversa, se tenga muy en cuenta la fianza prestada para conseguir la libertad provisional en la providencia de secuestro o hipoteca para garantía de la parte lesionada y del Erario del Estado. En otro lugar insistiremos sobre este punto.

He aquí, pues, nuestras conclusiones:

1.° Todo acusado en los casos que no implican excepción, tiene derecho a la libertad provisional.

2.° Nadie puede obtenerla sin prestar una fianza conveniente o someterse a un medio de custodia extracarcelario, verbigracia, la vigilancia especial o el confinamiento.

3.° El juez tiene la facultad de discernir entre estos tres medios el que repute más útil y oportuno, y emplear uno o los tres juntamente.

El buen sentido habrá de aconsejarle imponer fianza tratándose de un *banquero en quiebra,* de un *estafador,* de un *ladrón no habitual,* de un *falsificador;* sentenciar la vigilancia especial para los autores de un *hurto* o de una *apropiación indebida* por un valor *leve o* cuando la conducta anterior del acusado *no merezca censura;* y, por último, el confinamiento a quienes *han herido* a otra persona, o *atentado contra las buenas costumbres* o la *paz del hogar.* Urgiéndole poner en práctica mayores precauciones, nada impide que se valga a *la vez* de los tres sistemas.

* * *

Háyanse formulado dos teorías en orden al uso de la fianza confiscada por la autoridad judicial: una pretende que esa suma sirva únicamente para asegurar la comparecencia del procesado ante el juez y el cumplimiento de su pena; la otra destínala a los demás fines de la sentencia, es decir, a sufragar las costas de la justicia y los daños ocasionados a la víctima del delito.

Preferimos esta última teoría, cuyos precedentes apercíbense en el art. 229 de nuestro código vigente y en el 193 del austríaco.

Antójasenos que cuando un mismo procedimiento puede resultar doblemente útil, solo a un pernicioso doctrinarismo compete privarlo de tamaña utilidad.

De una parte, determinase que la fianza abone las costas y los daños causados; ello parece muy de justicia, y, prácticamente, pretende armonizarse con nuestra resolución de que todas las fianzas excedan de quinientas liras. Si se deposita una cantidad bastante elevada, para que la víctima pueda resarcirse en parte o del todo del perjuicio que ha sufrido, y el Erario de las costas, parécenos harto extraño que deba ser devuelta al ofensor, quien puede no poseer otros bienes embargables.

Ahora bien; con relación a una sentencia en firme ¿la parte dañada podrá embargar siempre la fianza, o no acaecerá que será amenazada por el condenado para que no se presente a reclamarla?

Para garantir realmente los intereses del Erario y de la víctima del delito, es menester abolir la disposición de la ley que autoriza al fiador a retirar la fianza cuando el reo comparezca ante la Justicia a cumplir su condena. No cabe dudar que tal disposición anula prácticamente el art. 229, porque el culpable procura no consignar a su nombre la fianza, presentando siempre un fiador que, por regla general, es su abogado defensor; la fianza permanece así intangible, pasando integra al bolsillo del mismo defensor, que así remunerase su minuta.

Creemos que, para obviar este inconveniente y a fin de que el art. 229 no sea en lo sucesivo como lo es hoy, letra muerta, la fianza debe servir siempre para los mismos fines, la preste el reo o su fiador. Por eso proponemos la supresión de la parte del art. 228 en que se establece semejante distinción.

El art. 229 destina, en primer lugar, la fianza a garantir los gastos de medicación y alimentación del ofendido. Este acuerdo solo puede referirse a los delitos en que se ha causado una *herida* u otro *daño corporal,* y no a cualquiera otra especie de perjuicio material o moral. En nuestro sentir, debe modificarse esta parte, empleando la fianza en los mismos fines en que se invierte el embargo de los bienes del acusado, a saber: primero, en las costas de la justicia; segundo, en los perjuicios liquidados a favor de la víctima del delito; tercero, en las multas impuestas.

No debe, en su consecuencia, permitirse al fiador que retire la fianza, si antes no recae sentencia *con todos sus efectos,* no solo penales, y deduciendo de dicha suma cuanto precise para la ejecución de la misma. Abonando en *efectivo* las costas y perjuicios, el reo recibirá una lección más profunda y saludable que la de la pena, aunque no vea aplacado el odio de la parte dañada ni satisfecha la sed de venganza del ofendido, que persisten frecuentemente aun después de extinguida la condena.

El acusador y su fiador no habrán, pues, derecho a la restitución del sobrante de la suma fiada, mientras que la sentencia no se cumpla *en todos sus extremos.*

Nadie debe reputar pueril y vano, tornamos a repetirlo, contentar al mismo tiempo con la fianza al Erario y a la víctima del delito, esto es, destinarla a la plena ejecución de la sentencia, cuando esa fianza ascienda a una suma *congruente,* y como hemos propuesto, no sea en ningún caso inferior a quinientas pesetas.

Quien estafe o delinca por valor de cien mil pesetas, no merecerá la libertad provisional si antes no deposita una suma algo más considerable. Y no arguya que sus condiciones actuales se lo impiden, porque entonces habrá de permanecer en la cárcel hasta el fin del juicio: al menos estaremos ciertos de que sufre un castigo ejemplar. ¡Quítese de en medio cuanto antes el bochornoso espectáculo de fianzas de cien y doscientas pesetas para delitos de más de mil! Si, principalmente, impedimos que el reo se reembolse el dinero depositado a nombre de otra persona, mientras que su víctima sucumbe en la miseria, habremos logrado que satisfaga cumplidamente a la ley.

De acuerdo con estas ideas, proponemos también que absuelto en el tribunal penal el acusado, pero *no habiéndose ejercitado la acción civil en orden* a los daños, no se devuelva la fianza hasta que la parte perjudicada no se alce ante el juez civil y este sentencie en definitiva. Sin embargo, para evitar que se prolongue indefinidamente semejante situación, la parte lesionada dispondrá solo de un mes para incoar la querella civil: si transcurrido este plazo no lo verificase, se devolverá a quien corresponda la fianza.

Hemos citado, en último término, el caso de una sentencia de no ha lugar por *falta de materia penable, por reconocimiento de la inocencia del acusado o por desistir de la acción penal sin entablar la acción civil.* Evidentemente, en tal caso, debe restituirse la fianza; empero puede acaecer que el acusado contravenga las condiciones impuestas a quien solicita y obtiene la libertad provisional. Aquí parécenos equitativo que, no obstante su desobediencia a las órdenes judiciales, debe disponer en absoluto de la suma fiada. Sus transgresiones hállense harto compensadas por lo que ha sufrido injustamente, por su prisión y por la amargura y ansiedad con que ha esperado el fin de su proceso, hasta que los magistrados declararon a la faz del día su inocencia. He aquí el primer paso hacia la indemnización de las víctimas de procesos injustos.

La pena de muerte

En nuestra ya larga vida de publicista jurídico, apénanos solo el triste remordimiento de haber traducido del alemán un libro en cuyas páginas se abogaba por la abolición de la pena de muerte. Hacemos esta salvedad sin que ella menoscabe el sincero respeto que nos merece el autor de aquella obra, cuyos profundos conceptos, aguda crítica y bellísimo lenguaje impónenla como precisa a todo el que desee estudiar cumplidamente este problema.

Empero, la labor de verter del idioma germánico a nuestra lengua patria el admirable libro, produjo en nosotros un efecto insólito. Obligados a escudriñar el sentido de cada vocablo y de cada frase, hubimos de reflexionar, forzosamente, sobre los motivos en que el autor basaba su rotunda y sólida argumentación. Hasta entonces —lo declaramos sin rebozo— no habíamos profesado una opinión particular acerca del asunto; pero, poco a poco, fuimos declarándonos contrarios en absoluto a tal abolición.

El cultivo diario de la antropología y psicología criminal, juntamente con las observaciones que hemos efectuado en los diferentes cargos públicos que venimos desempeñando y que nos han puesto en contacto con las clases ínfimas de la sociedad, han robustecido esta nuestra opinión.

¡Mucho, quizá con exceso, se ha escrito sobre la pena de muerte! Mas, ¿se habrá agotado por eso el tema? En nuestro sentir, las cuestiones sociales son siempre de palpitante actualidad, y esta admite continuas orientaciones; apenas surgen en un país, bajo una forma nueva, cabe aportar a su estudio algo que todavía no se haya dicho.

Los impugnadores de la abolición descubrirán en el orden científico los novísimos datos que la antropología habrá de facilitarles en pro de la tesis que sustentan; nuestros compatriotas pueden estudiar a este propósito las especiales condiciones de la criminalidad en Italia. Esto es suficiente para que podamos escribir algo que no coincida con lo que hace una veintena de años se dijo y se escribió aquí y en otros países.

I

Profesión de fe. —Verdadero y falso liberalismo. —¿Cabe admitir la renuncia formal del Estado a la pena de muerte?

Lejos de nuestro ánimo rendir adoración al dios Estado. Antes, por el contrario, antójasenos bellísima y atrayente la teoría inglesa, perfeccionada hasta el grado supremo por Herbert Spencer, verdaderamente liberal que sustrae a la acción del Estado todo aquello que no guarda afinidad, directa o indirecta, con la defensa de la nación, ni con la tutela de los derechos del ciudadano. Las relaciones internacionales, la paz y la guerra, la justicia y la represión de cuantos actos conculcan los derechos individuales: he aquí los verdaderos fines del Estado, únicos que legitiman las restricciones de la libertad individual y el decrecimiento de la riqueza privada mediante los impuestos. En virtud de esta teoría, cualquiera otra iniciativa compete a la esfera privada: la instrucción, el culto, las bellas artes, la industria, el comercio, la agricultura, la beneficencia; sin más intervención del Gobierno que la rigurosamente precisa para refrenar y encauzar dentro de sus propios límites cada uno de los elementos que integran la vida nacional, corrigiendo y castigando todo acto contrario y pernicioso para la libertad de los demás.

No es, no puede ser otro el ideal del Gobierno de una nación civilizada, y que, por desgracia nuestra, hallase muy remoto de Europa, en las tristes condiciones en que esta vive actualmente: ideal que repugnan las naciones neolatinas, en cuyo mecanismo no se mueve rueda alguna sin ser impulsada por el Estado, y que confían en el Estado como en el Maná, repartidor de gracias y beneficios, providencia hecha carne, omnipotente padre de familia; en las cuales el Estado usurpa a millares de ciudadanos el fruto de BU trabajo, para con esta expoliación aumentar la riqueza de las clases privilegiadas, o lo que implica mayor gravedad, para que vivan en el *confort* y en el regalo muchos ociosos.

No somos, pues, estatólatras. Alguien objetará que somos individualistas. Pase el epíteto; mas no se haga intervenir erróneamente al individualismo en la esfera de acción propia del Estado, consistente en la defensa de los enemigos internos y externos o en la protección de todos los derechos contra cualquiera transgresión.

Incapacitado el entendimiento latino para discernir esta diáfana distinción, sobreviene una confusión lamentabilísima apenas se pretende restringir injustamente esa libertad allí donde debiera ser plena é ilimitada. Por eso, empléase dicha palabra en casos donde constituye un error cuando no un sarcasmo.

Los pueblos del Norte, y singularmente Inglaterra, comprenden con evidencia meridiana esta distinción hasta el extremo de que ni en la Gran Bretaña ni en los Estados Unidos invócase nunca la libertad, porque se hayan puesto en vigor las restricciones precisas para garantir los derechos y mucho menos por la represión de las transgresiones de estos. Jamás se reputarán en aquellos pueblos tan libres los castigos, aun los más severos, contra los enemigos públicos, si ellos son urgentes, como una conculcación de la libertad, a cuya firmeza y solidez contribuyen.

¡Únicamente a los italianos se nos ha ocurrido catalogar entre los dogmas del liberalismo la aplicación de la pena capital! En nuestro sentir, el verdadero liberal, limitando estrictamente la libertad del Estado, esfuérzase juntamente por facilitar a este cuantos medios precise para cumplir en ese orden su cometido.

El falso liberalismo, surgido de la confusión de estas ideas, engendrada a su vez por la ignorancia de las leyes sociales, es manantial fecundo de aberraciones políticas.

¡Y gravísimo error político es, en nuestra opinión, la abolición de la pena de muerte!

No cabe dudar que esta supresión usurpa al Estado una función cuyo ejercicio, *en ciertos casos,* puede *necesitar imperiosamente.*

En la misma Italia háyase sentido reciente y repetidamente esta urgencia.

He aquí algunos ejemplos:

Todos saben que, tras de acudir a todos los medios represivos, solamente con la amenaza de la última pena pudo extinguirse el bandolerismo, que, desde 1861 a 1863, asoló las provincias meridionales. Advertiremos, no obstante, que después de un lapso de veinticinco años, ha reaparecido en aquella misma comarca el funesto azote.

Posteriormente, háyanse registrado en Sicilia numerosos asesinatos de recaudadores, acaeciendo ello con tanta frecuencia, que el mal amenazaba revestir caracteres endémicos. Algunas ejecuciones fueron suficientes a extirpar el cáncer.

Por último, en 1884, varios soldados del Ejército italiano asesinaron a cinco o seis de sus jefes, ocurriendo todos estos casos en el intervalo de breves meses, por lo que se alarmó de tal suerte la opinión, que el pueblo en masa exigió el fusilamiento de los culpables. Formaban por aquel entonces el Gobierno hombres que de antiguo habíanse significado como entusiastas defensores de la abolición de la pena de muerte. Sin embargo, no vacilaron en sacrificar sus convicciones ante las exigencias de la política, ordenando pasar por las armas a los soldados asesinos.

¿Qué impide la repetición de casos análogos, quizá más graves que los enunciados: crímenes sangrientos, cuadrillas de bandidos, epidemias de la delincuencia, simples homicidios que la crónica negra registra a diario?

El gobierno más refractario a la ejecución de la pena capital hubiera cumplido resueltamente, en tales casos, su deber.

Borrar de las páginas de un código penal la pena de muerte, vale tanto como entregar indefenso al Estado ante un porvenir cuyas contingencias se desconocen. Muy por el contrario, conservando dicha última pena, nada se pierde, pues el Estado no está obligado a hacerla ejecutar, pudiendo además ejercitar la prerrogativa del indulto; así se ha practicado sistemáticamente en Bélgica desde 1863 y en Italia desde 1876.

La abolición de la pena de muerte, en una palabra, es una renuncia injustificable del Estado a un derecho para cuyo ejercicio se halla plenamente capacitado, y de cuyo abandono pueden derivarse gravísimos trastornos.

II

PROGRESO DE LA DELINCUENCIA EN LOS PAÍSES DONDE NO SE APLICA LA PENA CAPITAL. —DISMINUCIÓN EN AQUELLOS DONDE NO SE HALLA ABOLIDA. —SITUACIÓN ESPECIAL DE ITALIA EN ORDEN A ESTE PROBLEMA. —HORRIBLE ESTADÍSTICA DEL CRIMEN. —TOLERASE EL HOMICIDIO

Extraña, en realidad de verdad, que la criminalidad, en su forma más grave, el homicidio, haya decrecido sensiblemente en los Estados Unidos, donde más a menudo se levanta el cadalso, y que, por el contrario, aumenta, o, a lo menos, permanece como estacionada en aquellos países donde se halla abolida o se ejecuta muy de tarde en tarde la última pena. La siguiente estadística prueba hasta la saciedad este aserto. Perdonen los lectores el tedio que forzosamente han de causarles varias páginas de datos numéricos, en esta ocasión atrozmente elocuentes.

En Bélgica, los homicidas, que en 1865 ascendían a 34, progresaron casi continuamente cada año: en 1875 eran 120. Nótese que, a partir de 1863, indultábase a todos los sentenciados a muerte.

En Prusia, se procesó en 1861 por homicidio a 207 individuos, cuya cifra aumentó hasta 518 en 1878. Pues bien; desde 1860 a 1870 se realizaron muy contadas ejecuciones, prodigándose el indulto de tal suerte, que de 1870 a 1875 no se llevó a la práctica ninguna sentencia.

En Italia, los homicidas eran en 1875, 3.287, y en 1881, 3.599; en este lapso fueron indultados todos los reos que no pertenecían al Ejército[1].

Finalmente, en Suiza, cuya Constitución de 1874 abolió la pena capital, los homicidios aumentaron en un quinquenio[2] en proporciones tan aterradoras, que fue menester derogar aquel precepto constitucional.

En Francia, por el contrario, los reos de homicidio han disminuido extraordinariamente, de 1850 a 1878, desde 983 a 691. Advirtamos que, durante ese período, el verdugo desempeñó muchas veces su cometido. En 1877 las penas capitales fueron solo 31; empero Grevy tuvo la mala idea de practicar un ensayo, y en 1878 no ajustició más que a siete, en 1880 a dos y en 1881 nada más que a uno.

Consecuencia de esta funesta tentativa fue que, en 1879, los homicidios ascendieran de 613 a 690, en 1880 a 675 y en 1881 a 697. Muy particularmente, los asesinatos sucedíanse a diario. La opinión clamó contra Grevy, la Prensa se quejó igualmente, y el Presidente del Gabinete, a cuya imprudente piedad se culpaba del mal, vióse forzado a mudar de táctica; en 1884 de 30 condenados a muerte fueron ajusticiados siete.

En Inglaterra, donde la pena capital se verifica con harta frecuencia, los delitos de sangre disminuyen constantemente: de 608 en 1875 han decrecido en 1880 a 429.

---

1 *Archivio di Psich., Scienze pen., etc.* Tabla gráfica de E. Ferri, pág. 220-226. Yol. año 1884.

2 Freuler-Für die Erdesstrafe, pág. 57, Schaffausen, 1879.

Creemos que nadie se resistirá a la elocuencia de estos datos, reconociendo cuantos los estudien, siquiera sea superficialmente, que la aplicación de la pena de muerte es uno de los factores que más influyen en la diminución de la criminalidad. Ante estas cifras debemos enmudecer; todas nuestras soflamas y alegatos en nada beneficiarían la causa que defendernos, después de la abrumadora estadística que acabamos de exponer.

Notemos ahora, en orden a Italia, que cuando en 1861 se *suavizó* el código penal, y acaso por los muchos indultos concedidos en las provincias napolitanas, aumentó la criminalidad con estupenda rapidez.

Compulsando las cifras de los delitos más graves con los perpetrados en una época anterior, se verá fácilmente que la alta criminalidad se halla en razón inversa de la severidad de los castigos.

Así, por ejemplo, en 1833 sentencióse a muerte en Nápoles a 95, de los que algunos sufrieron la terrible pena; en cambio, en 1880, sentencióse a 49, sin que ninguno de ellos subiera al patíbulo.

Ahora bien; en 1833, los homicidios con premeditación y otras circunstancias agravantes fueron 205, entre ellos cinco parricidios; en 1880 fueron 378, con 18 parricidios. Los homicidios simples fueron en 1833, 596; en 1881, 1.061.

En Italia entera, desde 1863 a 1880, los parricidios aumentaron desde 12 a 39, los infanticidios de 44 a 82, los asesinatos de 285 a 705, duplicándose asimismo los fratricidios. En los decenios de 1850 a 1860, y 1860 a 1870, calculase que aumentaron en un 22 por 100 los delitos penados con la muerte, y en un 64 por 100 los crímenes congruentes a trabajos forzados perpetuos[3]; esto acaeció precisamente cuando la legislación se había modificado en orden al código de 1859 y a las leyes de 1861, dulcificando la represión con la institución del Jurado.

Además, los condenados a cadena perpetua y otras penas, que en 1862 sumaban 15.037, aumentaron en 1882 a 32.538, es decir, más del duplo en veinte años. Los condenados a prisión duplicáronse solo en trece años: en 1870 eran 2.945 y en 1883, 5.363.

Básanse nuestros abolicionistas en la reciente diminución observada en Italia, respecto a los homicidios; la suma de estos era en 1880, 5.222, y en 1884, 4.228[4]. Empero no advierten, según lo verifica la *Introducción al movimiento de la criminalidad* (Dirección general de Estadística, Roma, 1886), que los homicidios calificados, es decir, los más graves, han aumentado en comparación con los años anteriores a 1878, sobrepujando siempre el tipo medio del decenio. En 1884 fueron efectivamente 1.475, siendo el tipo medio 1.400. Por lo demás, los homicidios simples, de los que en 1884 figuraron solo 2.843, eran algo inferiores al tipo medio, 3.081.

No obstante, este decrecimiento nada significa, pues debe reputarse únicamente como una leve oscilación cuyo efecto máximo se reduce a contrapesar el aumento de los años 1878-79 en 80.

3 BELTRAMI-SCALIA. *La riforma penitenziaria en Italia*, página 96.

4 Estas cifras casi no han sufrido alteración de 1884 a 1894. En 1892 fueron denunciados 4.408 homicidios; en 1893, 4.336, y en 1894, 3.931.

Imposible, por otra parte, eludir la delincuencia a la ley universal del límite: no siendo refrenada por el poder social, dilatase ampliamente; hasta el infinito, ya que aboca a sus límites naturales, aunque quieran estorbarlo todas las energías criminosas de la nación, o siquiera aquellas que la represión puede inutilizar.

En la hipótesis de que, durante cierto tiempo, se suprimieran la policía y los tribunales, no podría deducirse que todos los ciudadanos podrían recrearse asesinando a sus prójimos. Los delincuentes serían siempre los menos: aumentando solo su número aquellos cuyos perversos instintos no reconocen más freno que el oprobio y el dolor del castigo. Este aserto verdadero en todos los delitos, es axiomático con relación al homicidio, ya que, según demostraremos después, no puede perpetrar este más que el hombre en quien se halla atrofiado el instinto de compasión que integra la *psiquis* de las razas superiores. Por consiguiente, suprimiendo siquiera temporal y accidentalmente los frenos impuestos por la ley, no se produce otro efecto que engendrar ese estado morboso, que Enrique Ferri denomina *de saturación criminosa,* y más propiamente aquel otro, de máxima expansión criminosa que un país puede lograr, cuando se equilibran sus restantes dotes de cultura y moralidad.

Reflexionando de esta suerte, ¿cómo no admirarse de que el número de los asesinatos no haya aumentado más, a pesar de la supresión de las ejecuciones capitales? Si únicamente la última pena refrena los ímpetus de los asesinos —y de otros muchos delincuentes que no lo son—, y, si a despecho de su abolición, no progresa el número de los delitos graves, aumentando hasta cierta proporción ¿no cabe preguntar si se ha abocado al límite de la criminalidad? ¿No será motivo de temer que el Estado solo se oponga aparentemente contra el delito, mientras que, en realidad de verdad, todas las energías perversas del país evolucionan como si el poder social nada pudiera contra ellas?

Así dedúcese de la comparación de la cifra anual de los homicidios perpetrados en Italia y en las restantes naciones de Europa: paralelo repetido hasta la saciedad, que nos enseña la tristísima verdad de que nuestros estadistas han obrado muy de ligero aboliendo la pena de muerte.

Insistamos una vez más sobre este penoso asunto.

En 1880, los juzgados de primera instancia de Italia, sin incluir la Toscana, incoaron los siguientes procesos: 2.085 por homicidios realizados, 1.205 por homicidios intentados o frustrados, 58 por parricidios, 34 por intentos de parricidio, 75 por envenenamientos, 28 por infanticidios, 36 por intentos de infanticidios, 104 por intentos de envenenamientos, 609 por asesinatos, 794 por intentos de asesinatos, 415 por otros varios delitos de sangre, de difícil clasificación.

Sumando estas cifras, con exclusión del guarismo que representa los delitos frustrados, o conatos, y agregando el de la delincuencia de Toscana, tendremos un total de 3.626 individuos asesinados en Italia, en un solo año: de ellos 684 lo fueron con circunstancias agravantes —premeditación, etc. (envenenamientos y asesinatos) y 415 por los ladrones y bandidos[5].

5 Estadística penal de 1880. Cuadro V, pág. 81.

En 1883, estos delitos ascendieron a 4.264; en 1884 se redujeron a 3.524, disminuyendo en 1885 hasta 2.537, exceptuando, como antes, la Toscana. Este descenso, con ser muy consolador, no lo es suficientemente, si notamos que los parricidios aumentaron de 19 a 35 y los robos a mano armada y con efusión de sangre de 187 a 281[6].

Despréndese del estudio comparativo de estas cifras que, en los últimos cinco años, el término medio anual de los homicidios consumados en Italia ha sido de 3.544[7].

¡Horrible proporción aun antes de ser cotejada con la de otras naciones!

¡Solo en cinco años, sucumbieron 18.000 hombres en un país que se ufana de su cultura, pretendiendo marchar a la cabeza de los demás en orden a los procedimientos legislativos más radicales!

¡Ningún pueblo de Europa puede disputar a Italia tan bochornosa primacía!

Rossini saludaba frecuentemente a los españoles como más atrasados que nosotros en orden al concierto de la civilización; en este caso habríase equivocado de medio a medio el glorioso artista. En efecto, las estadísticas españolas nos muestran, en 1883, un total de 120 asesinatos y 1.295 homicidios simples; y en 1884, 141 y 941, respectivamente. Sumándose también los parricidios é infanticidios, ocurrieron en 1883, 1.491 asesinatos, y en 1884, 1.148; el término medio fue, por tanto, 1.319[8].

Comparando la población de ambas naciones, resultará, en su consecuencia, que, en Italia, entre cada 100.000 habitantes, hay cerca de 12 homicidios por año y en España solo 7.

Francia, cuya población excede en 10.000.000 a la de Italia, no registra más que 706 homicidios en 1882[9]; en este mismo año, en Italia, los crímenes de ese género ascendieron a 2.882. El término medio de los procesos por homicidio es, en Francia, de 17 por cada millón de habitantes, y en Italia, de 96.

No se piense que tan afrentoso privilegio nos cumple solo en los crímenes impremeditados; también constituimos una triste excepción en los homicidios premeditados y consumados a traición, en los envenenamientos y en los parricidios. En 1880, juzgáronse en Francia 194 asesinos, y en Italia, 705.

¿Para qué hablar de los países septentrionales? Nadie ignora que, en el Norte, el asesinato es una excepción; tanto, que allí donde acaece un hecho de tal índole, la opinión y la prensa, en general, lo narran y discuten durante largo tiempo como un raro fenómeno que ha conmovido profundamente su atención. Holtzendorf decía, por eso, que en el Norte perecer a manos de un asesino es una contingencia estupendamente remota[10].

---

6 Estadística penal de 1883, 1884 y 1885.

7 Según la estadística oficial, el tipo medio ha sido de 4.154 homicidios, desde 1885 hasta 1889, y de 4.049 desde 1890 a 1894.

8 Estadística de la administración de justicia en lo criminal, 1883-1884, Madrid, 1885.

9 Rapport du Garde des Sceaux. Diario Oficial, 13 de marzo de 1884.

10 HOLTZENDORF. *Das Verbrechen des Mondes und die Todesstraffe*, Kap. 19.

Séanos suficiente consignar de nuevo que, en Italia, el homicidio intencional es *nueve* veces más frecuente que en Bélgica, *catorce* más que en Dinamarca, *diez y seis* más que en Inglaterra[11] y *veintiuna* más que en Suecia[12,13].

Sería insensato que, tras de estos datos, nos enorgulleciésemos porque en Italia no se ha levantado durante el último decenio una sola vez el cadalso. Reconocemos que desde 1880 no ha aumentado el número de homicidios, pero ello débase a que tal progresión era ya casi imposible, supuesto que en Italia, según corre de boca en boca entre los picaros del pueblo, «todos pueden darse el gustazo de asestar una puñalada»; empero placer tan criminal solo se halla reservado a quienes lo desean.

Renunciamos a inquirir aquí las causas de esta ignominiosa excepción de Italia en orden a la criminalidad del resto de Europa. Mas, indiscutiblemente, no sorprenderán esas elevadas cifras a las personas que conozcan el estado inmoral e inculto de algunas de nuestras provincias. Fuerza es confesarlo siquiera sea con sonrojo: en algunas clases dominan todavía los instintos salvajes. Asesinase en nuestra Patria nada más que para lograr cierto renombre: ni más ni menos que en algunos pueblos del África Central y entre ciertas tribus de la Polinesia. Sabemos de una sociedad secreta intitulada *La Camorra*, cuyos grados supremos conquistase a fuerza de matar... por matar. En numerosas aldeas de los Apeninos, los lugareños prestase, a cambio de unas cuantas pesetas, a ejercer de verdugos y aun de asesinos. ¡Y siempre

---

11 BELTRANI SCALLA. *La Riforma Penitenziaria in Italia.*

12 N. COLLANTI. *Il alcolismo.*

13 He aquí la proporción de los procesados por homicidio en cada 100.000 habitantes de las naciones enumeradas:

Alemania	(1887)	1.14
Áustria	(1885)	3.11
Bélgica	(1886)	2.52
Escocia	(1886)	0.94
España	(1886)	8.59
Francia	(1887)	2.13
Inglaterra	(1886)	1.08
Irlanda	(1887)	1.93
Italia	(1887)	12.67

He aquí, ahora, los condenados por igual delito, durante el año 1889, entre cada 100.000 habitantes:

Alemania	0.92
Austria	1.57
Bélgica	1.25
Escocia	0.58
España	5.21
Francia	1.44
Inglaterra	0.41
Italia	8.05

encuentran trabajo! En las campiñas asesinase al colono que ha ofrecido al dueño de un feudo mayor arriendo que otros: en la ciudad decretase la muerte de quien vende más barato que sus colegas. Retrocediendo a los días de la Edad Media, un hombre cae muerto bajo el puñal homicida por no haber cedido la derecha en la calle o el lugar más cómodo en el tren o en el *tranvía.*

«La vista de la sangre —escribe Turiello— no corrige la insensibilidad y frialdad del carácter italiano[14]». ¿Cómo ha de ser útil en su consecuencia una ley que abona ese temperamento frío e insensible, con relación a un crimen moral y social tan grave como el homicidio, tolerándolo mediante la abolición de su castigo más terrible y eficaz?

III

¿PUEDE LA PRISIÓN SUSTITUIR A LA PENA CAPITAL? INEFICACIA DEL ARGUMENTO DE BECCARIA. —INUTILIDAD DE CUALQUIER REPRESIÓN PENAL DIVERSA DE LA ÚLTIMA PENA, EN ORDEN A LOS GRANDES CRIMINALES. —EFICACIA DE LA PENA DE MUERTE PARA ATAJAR LA CRIMINALIDAD MENOR

Ahora bien; ¿únicamente la pena capital puede corregir los delitos graves? ¿No existen otras penas, eficaces a tal propósito? ¿Nada influyen en ese respecto los presidios y los penales? ¿No ama el hombre la libertad tanto como la misma vida?

Raciocinemos, consignando ante todo que, tratándose de castigos que privan o merman la libertad, no puede adoptarse como base de argumentación el sentir individual del escritor, sino que importa descender a las ínfimas clases sociales e inquirir los fundamentos del dolor causado por la pérdida de la libertad. La importancia de esta decrece en proporción estupenda entre los trabajadores del campo que, aun retirado ya el epíteto, prosiguen siendo *siervos de la gleba,* es decir, los vasallos de la Edad Media. Otro tanto acaece con los humildes obreros de las grandes fábricas e industrias y con los jornaleros, en cuya comparación la frase *trabajo forzoso de por vida,* no es ciertamente un símil, una metáfora, sino una triste realidad aneja a su misera condición social. La vetusta fórmula de la esclavitud ha sido reemplazada, con relación a estos parias de la sociedad, por la no menos brutal del dinero: *libertad* es para ellos una palabra huera, sin sentido. La experiencia enseña que si muchos viven y permanecen honrados, su probidad en nada se debe a las sanciones penales. Repúgnales el delito por sí mismo o por la vergüenza y el deshonor que, siendo descubiertos, caerían sobre ellos. Mas, a decir verdad, la represión denominada *cárcel correccional* no causa en ellos ningún escozor ni disgusto. Muchos atraviesan el *rastrillo,* alegres y contentos, con el fin de descansar de las fatigosas labores: en la cárcel holgarán por completo o se emplearán en un trabajo menos rudo que el suyo cotidiano, habiendo además la certeza de comer y dormir bajo techado. Conocemos a varios campesinos que, condenados a tres o cuatro meses de cárcel y luego de solicitar insistentemente cumplirla

14 TURIELLO, *Gobierno y gobernados.* Tomo I, páginas 344-345.

en el invierno, reputan esto como una gracia singularísima, apuntando en el *activo* de sus cuentas los ahorros que, según puede advertirse, cabe hacer en el tiempo del *paro,* esto es, durante la reclusión.

Nada o casi nada impresiona la cárcel temporal a numerosísimos delincuentes ocasionales, totalmente degenerados y que no consideran el crimen como un oficio, ni como un desahogo preciso a su temperamento; de aquí puede concluirse que la amenaza de prolongar la reclusión tampoco influirá de mejor suerte sobre los grandes criminales, extraordinariamente menos sensibles que los delincuentes vulgares. Muy cierto que entre estos no faltan quienes en vísperas de ser sentenciados por el Jurado se envenenan o se saltan de un pistoletazo el cráneo; empero, estos son delincuentes excepcionales, que, siendo asesinos, pretendían a la vez continuar disfrutando de la justa estimación de las gentes que les reputaban honradísimos y caballerosos, y para los cuales el descubrimiento de su crimen lleva implícita su sentencia de muerte. De otro lado, estos crímenes son rarísimos, aun entre los criminales pertenecientes a las más altas esferas sociales. Cierto que el conde F. se envenenó; verdad igualmente que Luziani soportó con gran conformidad su prisión.

El progreso moderno ha proscripto las crueldades con los reclusos. Ya no existen los plomos ni los pozos de Venecia. Hasta el calabozo y la celda, propuestos por el código toscano y por el proyecto de un nuevo código penal italiano, no son perpetuos; según el primero, al cabo de veinte años, y de acuerdo con el segundo, transcurridos diez, el condenado debe convivir con los demás presos. Si esta ley se antojara harto rigurosa, todavía habrán de suavizarla los encargados de su aplicación. El hombre se cansa presto de atormentar a su prójimo indefenso. El crimen más horrendo y abominable queda relegado, en el transcurso de breves años, a la simple categoría de página de una crónica, cuyas negruras acaba por borrar en absoluto el tiempo, que también debilita paulatinamente la aversión que nos inspira el reo. Anciano y achacoso, este no nos moverá a antipatía como en los días inmediatos a su delito. En nuestro sentir, sería vanamente cruel tratarle con demasiado rigor. Si asistimos a su suplicio, si implora nuestra caridad para no padecer más entre las cuatro paredes de su celda, no cabe dudar que acabaremos por atender sus quejas y mitigar sus dolores.

El alma humana es esencialmente compasiva; inútil y necio intentar torcer su naturaleza por un artículo de reglamento o de código. El recluso tornará, en su consecuencia, a una sociedad humana: cierto que a una sociedad de malhechores, confraternidad depresiva y humillante, pero en cierto modo, habrán cesado ya sus sufrimientos físicos, verá rostros humanos que pronto se convertirán en caras amigas, personas que participan de su infortunio y con las cuales puede cambiar impresiones. El hombre en sociedad habituase rápidamente al ambiente en que vive: acostumbrándose no sufre.

Empero, ¿a qué fin útil sirve el prolongado primer período de reclusión absoluta del condenado a cadena perpetua? Si nunca ha de recobrar la libertad, ¿para qué ese refinado castigo? Engáñanse gravemente quienes piensen que con esto la prisión aterre con más tétricas notas a la imaginación popular. La cárcel no será siempre más que una cárcel; el pueblo jamás comprenderá el alcance y la significación del tratamiento que se imponga a las diversas categorías de reos. Los desesperados lamentos del preso habrán de acallarse contra los espesos muros de su calabozo; fuera de ellos no encontrarán ningún eco. Su reclusión podrá atormentarle, pero será nula para mover la piedad de sus semejantes libres. Entretanto, el pueblo apercibirá roto el nexo que su conciencia había forjado entre la muerte del inocente y la del asesino; sabrá que este vive en una cárcel; ¿para qué ha de querer saber más?

He aquí, en nuestra opinión, el punto débil de la famosísima teoría del gran Beccaria. El inmortal penólogo creyó que la mayoría de los delincuentes hallábanse capacitados como él para analizar los dolorosos efectos de la libertad perdida. «Nuestra alma —ha escrito— es más refractaria a la violencia y a los excesivos pero momentáneos dolores, que al tiempo y al tedio constante.»

Suponiendo, y no reconocemos la veracidad de tamaña hipótesis porque el hombre sostiene a toda costa su vida, aun a trueque de los continuados sufrimientos de una enfermedad crónica, como el viejo gotoso de Zola, que teniendo noticia del suicidio de su criada, exclama: «¡Qué estúpida!»; suponiendo —decimos— que así ocurra, no cabe dudar que «la pena de prisión aterra más a quien la ve que a quien la padece»; el primero reflexiona acerca de los incontables instantes de infortunio, y el segundo olvida la desventura actual ante la perspectiva de la futura desgracia.

Y en último caso, ¿quiénes se interesan por estudiar al recluso en su celda si no es alguno que otro visitante? Además, huelga discutir que solamente los legisladores se preocupan de inquirir la psicología del delincuente; el pueblo no entiende o no quiere entender tan arduo problema, que a los criminales les tiene en absoluto sin cuidado. Los delincuentes no saben más que, aun perpetrando los crímenes más abominables, no peligran sus cabezas. Salvando, pues, la vida, consideran su punible acción como algo remediable. ¿Cómo no han de pensar así ya que los hechos mismos corroboran su juicio?

Los entusiastas apóstoles modernos de la abolición de la pena capital distinguen las impresiones del condenado de las del hombre que se decide a cometer un delito grave. Reconocen que la pena capital es, entre todas, la más atroz, aceptando igualmente la certeza de este aserto de Holtzendorff: «Los filósofos y los apóstoles de la escuela espiritualista merecerían bien de la humanidad si convencieran al hombre, próximo a subir las gradas del patíbulo, de que la privación de libertad de por vida es el mayor de los suplicios; el delincuente continuaría mostrando su preferencia por la prisión, antojándosele, a pesar de todo, la vida como el más preciado de todos los bienes. Equivócanse gravemente quienes impugnan la pena de muerte, aseverando que la reclusión perpetua es más afrentosa y cruel que la pérdida de la misma vida; los tales nunca formarán escuela, siendo desautorizados hasta por los propios criminales, tanto sentenciados a la última pena como a cadena perpetua. Indudablemente, el temor a la muerte, derivado del principio de conservación, es un principio cierto, natural y humano; el legislador debe contribuir a su ilimitada evolución. Las penas más horribles, verbigracia, la reclusión perpetua y el último suplicio, son impuestas aisladamente, tan remotas entre sí, como dos continentes divididos por el Océano»[15].

15 HOLTZENDORFF. *Das Verbrechen des Mondes und die Fodesstraffe*, Kap. 2 i 3.

Lejos de nuestro ánimo negar, a imitación de los abolicionistas, que los criminales, singularmente los asesinos, maquinando y preparando sus delitos, no se acuerdan de la pena de muerte ni de ningún otro castigo. Tal memoria es necia, porque ellos piensan, en primer término, que su crimen ha de quedar impune, sin descubrirse al autor, y en segundo lugar, cuentan con las innúmeras eventualidades que pueden surgir del sumario y hasta después de visto el proceso. Así, pues, paréceles el castigo algo así como una muy lejana e improbable contingencia. Holtzendorff, tras de exponer ampliamente los obstáculos que impiden la aplicación de la pena capital, concluye que esta no puede intimidar a ningún delincuente.

No; no concedemos a los castigos, sean ellos los que fueren, un poderoso influjo de intimidación, en orden a las personas que *se resuelven a perpetrar un delito*, empero sí notaremos a este propósito, que, atemorizando los castigos, aun los más limitados, la pena de muerte debe ejercer esa misma influencia en proporción extraordinariamente suprema, ya que esas contingencias favorables al reo surgen en todos los juicios, en las condenas y en la ejecución de estas. Empero, colocando en el platillo de la balanza a la muerte, esta constituye una intensísima probabilidad en contra del delincuente.

Más claro: en los países donde no existe la última pena, el criminal temblará, como en presencia del peligro más grave que puede correr, ante la cadena perpetua; mas, en aquellos otros donde el verdugo es todavía una institución, se verá amenazado además por la muerte, aunque esta sea muy remota, y junto con no suprimir ninguna de las otras penas, le conmina con un riesgo infinitamente más horrible.

No obstante, hagamos caso omiso de estas reflexiones: es ilógico graduar la eficacia preventiva de las penas por el efecto de los cálculos del autor del delito; en lugar de esto, autójasenos más prudente y conveniente inquirirla en las impresiones de que son capaces aquellos que, por sus instintos criminosos, aún no se han resuelto de modo concreto a delinquir ni conviven con delincuentes, ni se hallan afiliados a sociedades dedicadas al crimen. En este sentido puede influir con gran eficacia, si bien incidentalmente, la amenaza penal, ya que antes de consumar el acto delictivo, habrán menester pasar de un grado inferior de criminalidad a otro más grave, sin sustraerse a excogitar los tropiezos que pudieran impedir su obra.

Mas ¿cómo negar que, figurando entre estos peligros la muerte, el hombre se arredra más antes de cometer un asesinato, que cuando su castigo puede consistir solo en la privación de la libertad?

Replícanos los partidarios de la abolición, que los individuos que no repugnan verter la sangre de su prójimo, tampoco temen a la muerte. He aquí una aseveración absolutamente gratuita, que la observación desautoriza a diario. La genuina naturaleza del acusado, por su incultura o por el escaso alcance de sus facultades reflexivas, no puede ser agitada ni conturbada por la amenaza del peligro más horrendo e irremediable.

Citemos algunos ejemplos: en 1883 asesinó en Nápoles al jefe de bomberos uno de sus subalternos, reconocido como incapaz para prestar tal servicio. El criminal hallábase convencido plenamente de la abolición de la pena de muerte, hasta el extremo de confesar, en el instante en que fue preso, que había cometido el crimen para asegurarse de por vida el pan y el alojamiento, sin necesidad del trabajo ni acudir a la mendicidad.

El soldado Misdea, cuyo crimen en 1884 perdurará en la memoria de todos, afirmaba rotundamente la inviolabilidad de su persona, no preocupándose de su condena y llegando a creer que su tétrico traslado nocturno desde la capilla hasta los fosos donde fue pasado por las armas, no era más que un simulacro sin importancia.

Marino, el perverso carabinero, mató, a los pocos días del crimen de Misdea, a su jefe porque deseaba cumplir en el penal los años que le restaban del servicio.

En una palabra: el verdadero criminal nato no retrocede más que ante la muerte. Podrá desdeñar jactanciosamente esta, pero téngase por seguro que ella atrae su atención, atajando a veces sus ímpetus, contra los cuales nada puede el sentido moral.

Hemos advertido precedentemente que la simple realidad de la última pena y su aplicación en los casos más graves influye con extraordinaria pujanza en los delitos de menor cuantía, singularmente allí donde borrado de la impresionable fantasía del pueblo tal suplicio, hace desaparecer en el bravío empujo, anterior a todo crimen, cuanto indica la serie de los castigos y todo lo que la ley tiene de terrible. Muy por el contrario, este temor existiría aunque el delito *a él subsiguiente no implicara de modo directo la pena capital,* bastando para ello saber que el Gobierno dispone de un poder suficiente para llevar a cabo una muerte efectiva[16].

En realidad de verdad, es harto difícil que el hombre resuelto a cometer un delito sangriento discierna con claridad si su crimen reúne o no los elementos que lo agravan, y en cuya virtud debe aplicársele la pena capital. Los meridionales, cuando sacan del cinto su puñal, y no tienen delante la propia muerte, *con la consecuencia probable de la de su contrario,* para nada se acuerdan del castigo[17].

Hemos narrado en otro estudio cómo un individuo, a punto de asesinar a su enemigo, arrojó lejos de sí la escopeta, y recordando algunas ejecuciones verificadas en aquellos días por el verdugo, gritó: «¡Debes la vida a los Tribunales, que han restablecido la pena de muerte!» De esta suerte se frustró un homicidio por la impresión de las anteriores condenas, si bien aquel individuo solo habría merecido reclusión temporal, ya que su crimen no era premeditado. ¿Habría temido, sabiendo que no incurría en más sanción penal que la de reclusión?

En los pueblos, cuyos naturales atienden solo a las cosas presentes, necesarias, concretas: que no prevén las remotas contingencias del porvenir —escribe Herbert Spencer—, urge implantar, para reprimir al delincuente, penas severas, rápidas, precisas, *aptas para impresionar fuertemente la imaginación.* El hombre civilizado contiénese por el freno de la disciplina larga y monótona

16 TURIELLO, *Gobierno y gobernados.* Cap. I, párrafo 23.

17 SPENCER, *Ética de las prisiones.*

de las cárceles; los más incultos han menester las penas aflictivas y aun la misma muerte[18].

IV

LA ANTROPOLOGÍA Y LA PSICOLOGÍA CRIMINAL EVIDENCIAN LA URGENCIA DE LA PENA DE MUERTE. —CERTEZA CIENTÍFICA DEL MODISMO VULGAR: «FIERA CON ROSTRO HUMANO».

Los progresos de la antropología moderna, pulverizando las utópicas hipótesis de la escuela racionalista, prueban que ese modismo que corre de boca en boca del pueblo, *Fiera con rostro humano*, no es una metáfora, sino, por desgracia nuestra, una realidad confirmada por la observación científica.

Ribot, criticando las teorías de la nueva escuela italiana, define claramente la anomalía de los grandes criminales, aseverando que representan un *lusus naturae*, una degeneración del tipo, una monstruosidad en el orden moral, supuesto que son psíquicamente incompletos, es decir, ineptos para la vida social y moral. «Aquejan al orden moral privaciones análogas a la falta de un miembro o de un órgano: son seres deshumanizados por la naturaleza o por las circunstancias»[19].

Entre estas privaciones es indudablemente la más grave e irreparable la del *sentimiento compasivo*, engendrado por la instintiva simpatía del hombre hacia sus prójimos y por la natural repulsión en orden a todo acto de crueldad, mediante la previa representación del dolor derivado de semejante acción.

Huelga advertir que este sentimiento hallase vinculado íntimamente con el organismo del individuo, sea la que fuere la raza a que pertenezca, exceptuando algunas muy contadas tribus salvajes, refractarias casi en absoluto a la educación; así se observa en todas las clases sociales, inferiores como elevadas. Es un sentimiento innato, feudo de la ley de herencia; a veces exteriorizase en los niños, apenas sus facultades intelectuales logran el oportuno desarrollo para representarse el dolor ajeno y medir su intensidad. Si, con su infantil sonrisa, ocasionan alguna molestia a sus semejantes o a los animales, ello no debe atribuirse a instintos crueles, sino a su fe de que se trata solo de un juego inocente. Así lo evidencia el hecho de que, reconociendo el mal que han causado, truecan la risa por el llanto, esforzándose por mitigar con sus tiernas caricias el mal de que fueron involuntarios autores.

---

18 *Criminología,* p. 426, junio de 1885.

19 Ribot reconoce la prioridad do los italianos en estas investigaciones. «Italia, escribe, ha laborado muy mucho en este orden. Hase organizado allí una escuela de eminentes criminalistas que, en vez de abismarse en empirismos jurídicos, han recopilado minuciosamente los datos suministrados por la anatomía, la psicología y la estadística, formando así una *psicología del criminal y otra del delincuente,* de alto valor aun para las disquisiciones sin finalidad práctica.»

Psicología experimental, en la «Revista política y literaria». Número 25, correspondiente al 19 de diciembre de 1885. París.

Esta vivísima compasión demuestra que únicamente les falta el congruente desarrollo de la inteligencia para conocer que su acto puede provocar un efecto doloroso, o para que se les represente el pesar del prójimo en un grado tan intenso que sea suficiente a suscitar en ellos esa sensación análoga y simpática que engendra la compasión. No intentamos decir que el sentido moral es completamente innato; hablamos solo del sentimiento compasivo, que no es más que uno de los elementos que integran el sentido moral, reservándose este la parte ligada más estrechamente con el organismo psíquico a la par que más independiente de la educación.

Nada impide atribuir, en un grado harto más amplio, a las influencias exteriores, los restantes sentimientos altruistas. Eso que denominamos habitualmente instinto de probidad, no es, en gran parte, otra cosa que el fruto de los ejemplos recibidos en la primera infancia, del ambiente en que se educó el individuo durante la evolución de su carácter. Y nótese que decimos en gran parte, porque, a no dudarlo, interviene también en ello cierto elemento congénito y hereditario, de muy difícil determinación. Nos consta que, en muchos casos, puede probarse la existencia de una disposición innata para apropiarse lo ajeno; pero, en general, la propensión al hurto y a la falsedad son más susceptibles de enmienda en la adolescencia y en la primera juventud que los instintos crueles; no podía ser de otra suerte derivándose estos más directamente de la conformación del sistema nervioso.

Hemos aseverado que todas las clases sociales, aún las más humildes e incultas, exteriorizan a menudo este sentimiento compasivo. Y no se nos replique que en semejante medio se cometen más frecuentemente los actos que las clases altas reputan groseros y brutales. Las clases bajas adolecen únicamente de la falta de la parte más *exquisita y fina* del sentido moral, que no ha podido manifestarse todavía en ellas a causa de que su evolución es más lenta y laboriosa. La menor sensibilidad reflejase en menor compasión por un dolor que consideran efímero y superficial Las reprimendas fuertes, los malos tratos, las adversidades de la fortuna influyen sobre ellas más vivamente que sobre las clases elevadas. Esto explica que se aferren con menos tenacidad a *hacer su voluntad.* Empero, cuando, según acaece con los niños, pueden sentir el dolor de sus semejantes, abstiénense de provocarlo con sus actos.

Deduzcamos, por tanto, que el instinto de la compasión es innato, y no producto de la educación, que solo puede contribuir a su mayor desarrollo, y que el instinto de la probidad, de la honradez, menos fundamental, menos vinculado al organismo y sin nexo con la ley de herencia, es única y exclusivamente un germen que, para fructificar, ha menester un ambiente idóneo.

Deduzcamos, también, la raridad, psíquica y orgánica de los hombres ayunos de simpatía hacia el dolor ajeno, exentos de toda piedad en orden a sus semejantes, imposibilitados para adquirir los instintos morales de que acabamos de hablar, mediante la educación o en virtud de especiales enseñanzas.

Estos individuos constituyen una variedad de la raza, que les asemeja moralmente a los seres de inferior categoría, cuya norma hallase caracterizada por la deficiencia de instintos nobles.

Expuesta esta noción de la criminología moderna, conviene inquirir un medio de armonizarla con la novísima penología.

Después de haber demostrado que un hombre carece en absoluto de ese *mínimum* de sentido moral que consiste en el sentimiento universal de la *compasión,* puede sostenerse lógicamente que es imposible conformar con la vida social a ese sujeto, incapaz de figurar en ningún centro civilizado.

Ahora bien; constituyendo la existencia de tal individuo un peligro continuo para sus conciudadanos, el poder social tiene derecho, más aún, debe eliminarle. Importa prescindir de toda pena temporal, de cualquier intento de corrección, si se logra probar que el criminal obedece en sus actos al influjo de una falta moral orgánica, de imposible remedio.

¿Necesitaremos advertir que esta urgencia de la eliminación absoluta del reo no debe ponerse en práctica más que cuando se observa en él una propensión a causar el daño más grave e irremediable: la muerte? No basta para ello que el delincuente sea homicida. En realidad de verdad —ya lo hemos consignado en otro libro— «las circunstancias especiales y el ambiente particular pueden influir hasta causar el crimen, sin que nada invite a suponer en absoluto la ausencia y, forzosamente, la perpetua falta del instinto compasivo. Así, pues, el delito puede ser motivado *principalmente* por algo así como una capa superficial del carácter, recién formada y muy fácil de borrar. Las causas externas, derivadas de prejuicios *locales, religiosos, políticos, familiares,* agravados quizá por la excitación producida por el uso de las bebidas alcohólicas, etcétera, dominan imperiosamente sobre el carácter, arrastrando al crimen. Entonces pueden resultar homicidios, lesiones, heridas y todos los varios actos crueles, sin que sea lícito culpar a sus autores de una disposición voluntaria permanente para semejantes delitos. Muy por el contrario, hay crímenes que, intrínsecamente, acusan en su autor una crueldad innata o instintiva, porque no cabe concebirlos, en ninguna clase ni ambiente, sin una profunda anomalía psíquica»[20].

No conviene a los fines de este libro inquirir la esencia y los caracteres de los delitos de este género. Séanos suficiente consignar que la clasificación jurídica actual no cumple, cual debiera, su cometido, ya que no contribuye al mejor y más claro discernimiento de los verdaderos delincuentes anormales de aquellos otros que, aún habiendo delinquido, pueden tornar a convivir con sus semejantes en el medio social.

Fuerza es que tales elementos cualifiquen el delito si queremos catalogar al reo según el tipo psíquico del criminal nato. La clasificación hoy imperante, harto propagada por desgracia, fundamentase única y exclusivamente sobre la premeditación. ¡Grave error!, porque esta no es, no puede ser la secuela inseparable de un impulso innoble, ni antisocial, nada impidiendo que haya homicidas que no premediten su crimen, es decir, delincuentes natos por instinto.

Dedúcese de aquí cuán profundamente se equivocan los criminólogos modernos que pretenden determinar el tipo-delincuente por el patrón de sus caracteres físicos externos, y, singularmente, por la conformación del cráneo.

---

20 *Criminología,* págs. 421-28. Art. *Forza irresistible,* Arch. di Psich, Sci. Pen. 1885, fasc 4.°

No se piense que negamos en rotundo la importancia de estos caracteres. Sería necio efectuarlo así, ya que cada nuevo proceso suma un nuevo argumento en pro de su credibilidad. Empero, el error inicial de nuestros críticos consiste en adoptar, en su acepción más estricta, las palabras *antropología criminal,* olvidando que el primer capítulo, el más amplio e importante de cuantos integran esta ciencia, se intitula *Psicología criminal.*

La *Psicología criminal,* en efecto, nos facilita la norma para conocer el *homicida-nato, sanguinario instintivo:* pauta que el buen juicio popular adivina condenando, sin atenuantes, a los criminales ayunos en absoluto de sentido moral. Es el delito mismo que, en numerosos casos, no admite una prueba favorable, a causa de la degradación de su móvil, sea este la satisfacción de una pasión puramente *egoísta,* el lucro, el placer carnal o el deleite suscitado por la contemplación del sufrir ajeno. En casi todos los sucesos de esta índole, basta la narración del hecho para que surja ante nosotros en su siniestra plenitud la imagen del criminal nato. No obstante, a veces, precisa proyectar nueva luz sobre la trágica silueta, y entonces acódese al examen psíquico del delincuente, estudiando su vida anterior, la historia de su familia, su conducta antes y durante el crimen, la falta del remordimiento, el cinismo en presencia de los jueces y del público que asiste a la *vista* del proceso. Los jurados comprenden que han de habérselas con un anormal, y lo expresan con esta frase gráfica: «el reo es una fiera». El sabio, el hombre de ciencia, no ocultará su júbilo, observando en aquel degenerado el prognatismo, la depresión frontal, la protuberancia sicomática, la plagiocefalia, los cabellos crespos é hirsutos, la barba rala, la mirada fría o inmóvil, etc.; en todas estas notas descubrirá una nueva armonía entre las anomalías moral y física; mas se librará muy mucho de aseverar que tales caracteres hayan de concurrir necesariamente a la formación del tipo, no adjudicándolos otro valor que el de una prueba subsidiaria.

Reconocido, pues, un homicida como un *criminal nato privado de todo sentido moral,* o empleando una locución vulgar, como un asesino, ¿qué puede la sociedad hacer contra él si no es arrojarle de su seno? Intentar retenerlo por humanidad, constituiría realmente un delito contra la misma humanidad. «La demencia —ha escrito Shakespeare— mata cuando perdona al asesino»[21].

Impónese, por consiguiente, la eliminación en su forma más absoluta. La eliminación, en orden a este problema, es un medio justo y legítimo de defensa social contra un individuo peligroso por ser refractario a todo sentimiento simpático, en cuya virtud es posible la vida social, ya que excluye la posibilidad de ciertos actos criminosos.

Quebrado este nexo entre la sociedad y el individuo, urge la supresión de este. Lo anormal debe desaparecer, porque es una amenaza constante para los hombres honrados, cuya salvación compete, antes que ningún otro fin, a la sociedad. «Promulga también en mi nombre —dice Platón en *Protágoras*— una ley que mate como a un vil enemigo de la sociedad al hombre que no puede tener vergüenza ni honradez».

---

21 «*Mercy but muders, pardoning those that kill.*» SHAKESPEARE. *Romeo and Juliet.* —Acto III.

Ahora bien: ¿cómo llevar a la práctica, en absoluto, la eliminación? Solamente con la muerte. Háyanse desacreditado cuantos medios diversos a ella se han propuesto sucesivamente: la deportación es, según el juicio de muchos, una medida eficacísima para aquellos delincuentes que todavía son susceptibles de adaptarse a un ambiente nuevo y diverso del antiguo; mas nada vale para los enemigos de la convivencia social. Otros pronúncianse a favor de la reclusión perpetua, que permite a los condenados esperar en la fuga o en el indulto. No faltan quienes opinan que dicha reclusión tampoco sirve para redimir a los delincuentes, ya que las estadísticas demuestran, con datos abrumadores, que los reclusos reinciden con harta frecuencia en el homicidio.

Si cupiera excogitar una forma de reclusión que incapacitara absoluta y perpetuamente al reo para causar daño, ella habría de ser un suplicio horrible, un martirio estupendo, una serie de torturas que ningún legislador osaría proponer, ni ninguna civilización se atrevería a aceptar. Con la pena de muerte, la reacción social comienza y concluye en un solo punto, antes que el sufrimiento del condenado pueda mover a compasión. Empero, es imposible ordenar ni llevar a cabo un suplicio prolongado. Aquellos *in pace* que servían de sepulcro a los vivos, quedan como una fantástica y lúgubre aberración. Hasta el aislamiento perpetuo repugna a nuestra cultura. Ya lo hemos notado en las primeras páginas de este estudio: nuestro código limita, en realidad de verdad, el aislamiento perpetuo, cuidándose, por su parte, el legislador de prever el caso en que las condiciones físicas y morales del individuo hicieran innecesaria o intolerable tamaña reclusión. Mas tan pronto como el preso convive con sus colegas de penal, no existe la eliminación absoluta. Hablará con los otros reclusos, con sus guardianes, con sus visitantes. Si en el transcurso de algún tiempo se muestra resignado y tranquilo, laborioso, atento y respetuoso con el director de la prisión, ¿por qué no se le ha de conceder un permiso que torne a abrirle aquella puerta, en cuyo frontis ya no está escrita para él la famosa inscripción dantesca:

Lasciate ogni speranza o voi che entrate...?

Además del indulto, puede acortar la duración del encarcelamiento una ley más suave con efecto retroactivo, que barrería de las cárceles a todos los condenados a perpetuidad, inspirándose para ello en las circunstancias atenuantes reconocidas en los respectivos procesos por el Jurado, y a los cuales hemos rebajado ya treinta años de pena[22].

Hay, por último, la probabilidad de la fuga, no tan remota y difícil, conforme algunos piensan. Desde 1870 a 1880, se han registrado en Italia, por término medio, diez y nueve evasiones anuales en los penales y ciento en las prisiones judiciales, donde pueden permanecer algún tiempo después de sentenciados. Muy cierto que la última estadística penitenciaria (1883) es algo más edificante; empero todavía apunta tres evasiones en los penales, dos en

22 *Proyecto de Código penal*. ZANARDELLI, 1887, arts. 2 y 56.

las cárceles preventivas, once en los arrestos domiciliarios y sesenta y una en las prisiones judiciales.

Por lo demás, huelga observar, dígase lo que se quiera, que si cabe disminuir las probabilidades de fuga de un preso, nunca podrán evitarse por completo. Así, pues, la eliminación no es absoluta si no es irrevocable. ¡Irrevocable!: he aquí el vocablo que los abolicionistas esgrimen contra nosotros como un arma terrible, que recogemos en nuestras manos para también emplearla en los fines que perseguimos. ¡Irrevocable!: he aquí el mayor mérito de la pena de muerte.

V

¿POR QUÉ LOS SENTIMIENTOS ALTRUÍSTAS MÁS EXQUISITOS NO PADECEN CON LA PENA DE MUERTE? —OPINIÓN DE LA MUJER. —OPINIÓN DE LOS PUEBLOS MÁS CIVILIZADOS. —OPINIÓN DE LOS SABIOS Y DE LOS FILÁNTROPOS. —UNA FRASE DE SÉNECA

La reacción social, aseverase como argumento abolicionista, que podríamos intitular psicológico, pero que nada vale ni puede ante la psicología más radical; la reacción social no debe asemejarse a las acciones criminosas; no debe revestir su forma: siendo así viola el mismo sentimiento conculcado por el delito. No, la reacción contra el homicidio no debe ser otro homicidio.

He aquí una de esas fórmulas *a priori* que se admiten sin controversia, porque se antojan como verdaderos axiomas.

Y sin embargo, afirmamos resueltamente que este, de igual suerte que otros falsos enunciados, es completamente absurdo. En primer término, importa notar que, en cualquiera otro orden de fenómenos naturales, la reacción se manifiesta en forma análoga a la acción. La reacción del choque mecánico de una fuerza no es más que otro choque de idéntica naturaleza. La reacción de una contracción nerviosa es otra contracción de nervios. ¿Por qué no ha de acaecer que, en las transgresiones de los sentimientos morales, la acción y la reacción revistan idéntica forma?

Cuando la acción, replícanos, ha violado un sentimiento, una reacción análoga lo violaría igualmente.

Esto es un aserto abstracto que, en el caso actual, refuta cumplidamente la experiencia.

En realidad, la analogía entre las acciones y las reacciones no prueba que los sentimientos engendra dos por la acción se identifiquen necesariamente con los suscitados por la reacción. Indudablemente, cabe esta identidad, pero tampoco repugna que, viceversa, no haya ningún *nexo lógico absoluto* entre ambos órdenes de actos.

A fin, pues, de lograr la certeza de tal posibilidad, conviene escudriñar experimentalmente los sentimientos provocados a diario por el crimen y por la condena y ejecución de esta.

Más claramente: ¿compadécese la muerte del reo con igual intensidad que se sintió piedad por el delito que la motivó?

Pensamos que, si la simpatía precede a esa compasión, esta será tanto menor cuanto menos se nos asemeje moralmente la persona asesinada. En efecto, cuando la víctima de un crimen es algún bandido, apenas inspira piedad su desastroso fin.

La evolución y universalidad de un instinto indúcenos a reputarnos diferentes de quienes carecen de él o poseen otro absolutamente opuesto y diverso. Esto engendra la repugnancia, antítesis de la simpatía: esta no puede existir más que entre seres que se comprenden mutuamente. En el reino animal, la deformidad física de un individuo le excluye de la comunidad. Así nótanlo a cada paso los naturalistas. Entre los humanos impera la vida psíquica; los caracteres físicos son accidentes; la simpatía, interpretada en su acepción más amplia, no depende por completo de la fealdad o de los defectos físicos del individuo. Muy por el contrario, las desviaciones en el orden moral causan la antipatía: cuando tales aberraciones llegan a su colmo en esa monstruosidad que denominamos falta de sentido moral, el hombre tan deformado por la Naturaleza no debe ser considerado como nuestro semejante.

Si la simpatía nace, según afirma Espines, de la facultad de representarnos en nuestros semejantes y del placer que de ello se deriva, este deleite y aquella representación son imposibles cuando repelemos al individuo a causa de verle falto de las condiciones morales en que fundábamos nuestra semejanza con él. Por eso llegamos a amar tiernamente a los seres pertenecientes a otra especie animal: por ejemplo, un perro fiel, un caballo noble. Esto ocurre así porque apercibimos en ellos algunas de esas cualidades que nos place más atribuirnos y que, en la esfera de los sentimientos, nos acercan a seres completamente diversos en el orden físico.

La presencia de un ser que se nos asemeja solo en su aspecto externo, pero que no se diferencia de nosotros esencialmente en el orden psíquico, al que concedemos prioridad, no puede, por consiguiente, excitar nuestra simpatía. Si no abriga sentimientos armónicos con los que, en el grado actual de la evolución, son comunes a nuestra raza, no es de ningún modo miembro de la sociedad en que vivimos, no puede asimilársenos: antes bien, existe entre nosotros, a modo de una mala hierba, que urge desarraigar. Únicamente sentiríamos simpatía hacia él, viéndole sufrir en el orden físico: por eso nuestra civilización ha abolido los tormentos con que, antes de subir al cadalso, se afligía, en días ya remotos, a los delincuentes. Mas si una sociedad civil repugna todo dolor inútil, no lamenta, sino que desea igualmente la supresión rápida, y lo menos dolorosa posible, de los seres con quienes no convive la vida de los sentimientos morales, y singularmente, el de la compasión de tan profundas raíces en el organismo de nuestra raza.

Además, cuando el acto de crueldad obedece a un fin altruista, no ofende nuestro sentido moral. De igual suerte que el cirujano, amputando un miembro morboso, no puede ser acusado de poco compasivo. Vence su resistencia por el dolor que produce, tendiendo nada más que a salvar la vida del individuo a quien opera. Su facultad representativa es más excelsa: la urgencia de evitar un dolor futuro más grave, fuérzale a fingirse insensible ante el sufrir momentáneo del paciente.

Necio, por tanto, aducir como argumento serio contra la pena de muerte la dolorosa impresión experimentada por la asistencia a una ejecución capital. Cabe impresionarse hasta el extremo de caer en tierra privado del conocimiento, y no desear, sin embargo, el indulto del reo. La muerte violenta de un hombre es en todo caso algo horrible: los nerviosos deben evitar a todo trance un espectáculo tan emocionante. ¿Por qué? ¿No nos entristece ver matar a un perro que ayer era nuestro fiel compañero? Mas, ¿quién para aquietar sus excitados nervios osará afirmar que debe conservarse la vida a los perros rabiosos?

Hemos mostrado singularísimo empeño en criticar la opinión de la mujer en orden a la abolición de la pena de muerte. Ello interesa sobremanera a nuestro objeto, porque el sexo femenino es, en tesis general, más compasivo que el denominado sexo fuerte. Hemos advertido, a este fin, que las mujeres son refractarias a que se borre del código la última pena, y que, tratándose de los autores de ciertos crímenes atroces, muéstranse indiferentes por la triste suerte que les aguarda. Quizá ninguna de ellas pueda soportar la vista del cadalso. ¿Qué significa esta anomalía? En nuestra opinión, quiere decir que el instinto moral, más fino y exquisito de la mujer, imposibilítala para sentir la más leve simpatía hacia quien carece por completo de ese instinto: por eso no se compadecen del asesino cuya supresión sentencian las leyes. Y no se piense que esto merma un ápice su repugnancia por la escena del patíbulo, considerada en sí misma como un acto cruel: pero cabe suponer que sentirían esa misma impresión visitando un matadero público.

Coinciden con estos sentimientos de la mujer, los sustentados en grado preeminente por las naciones más cultas de Europa, por los pueblos de más sobrias costumbres y donde se registran menor número de delitos de sangre.

La pena capital, que en la antigüedad se ejecutaba harto excesivamente, hallase limitada en nuestros días a muy contados casos, cupiendo decir que, aun en estos, no se aplica con unanimidad más que a los delincuentes faltos en absoluto de sentido moral y humano. El progreso fuérzanos a conservar la vida del criminal que todavía puede ser útil a la sociedad aunque viva en un ambiente diverso: así lo enseña la novísima ciencia penal, cuyos esfuerzos propenden constantemente a inquirir fórmulas científicas cuya exactitud reste prosélitos a la delincuencia, digna de la supresión total.

Ahora bien; aunque en número exiguo, las sentencias capitales aplicase y se hacen cumplir en toda Europa y bajo cualquier forma de gobierno, exceptuando Holanda, Rusia, Rumania y Portugal, donde la última pena se halla abolida por la ley: en Bélgica, ejércese sistemáticamente desde hace largos años la regia prerrogativa del indulto: otro tanto acaece en Italia a partir de 1876, salvo en muy reducido número de delitos perpetrados por militares.

Mas, no será fuera de propósito recordar que, con motivo de la condenación de los hermanos Peltzel, surgió una vivísima agitación cuando se intentó llevar a cabo la sentencia, presentándose al monarca belga una instancia suscrita por más de cien mil firmas en contra de la concesión del indulto.

En América, no se discute en este orden sino el modo de ajusticiar más rápida y menos dolorosamente: es terreno mal abonado para que fructifique la semilla abolicionista: allí la pena de muerte, además de perpetuarse en los códigos, se aplica inexorablemente.

Las calles de Cincinnati presentaron, durante tres días consecutivos, el aspecto de un campamento después de reñir una batalla, solo porque el Jurado reconoció en un veredicto varias circunstancias atenuantes a favor de unos homicidas. ¿Quién no recuerda los frecuentes casos de ejecuciones sumarias —linchamientos— cuyo relato leemos a diario en la Prensa?

Hemos expuesto anteriormente las razones en que se fundamentan los abolicionistas italianos. Es bastante teatral y, por ende, falso creer que el sentimiento universal y los prejuicios políticos justifican plenamente esa aversión. También importa reconocer que esto nada nos favorece a los ojos de las demás naciones. La resistencia a la pena capital en Italia, hemos leído en *The Times*, derivase en parte sin duda de la fe con que la humanidad la rechaza: *empero es imposible desvanecer en absoluto* la sospecha de que la familiaridad con los delitos violentos fomenta la cultura, decreciendo el justo odio que la civilización siente hacia tales crímenes[23].

¡Calúmniasenos, pues, harto poco! Los delitos de sangre repítense en Italia con insólita frecuencia, hasta el extremo de que un gran poeta, compatriota, ha estigmatizado hace más de un siglo nuestra apatía en orden a esas aberraciones, en los dos versos siguientes:

L'Italia (in questo solo una ed intera)

Tien l'omicidio in rissa un peccatuccio[24].

Examinemos ahora, siquiera sea brevemente, la opinión de los más ilustres pensadores y notaremos que no concuerdan acerca del problema que nos ocupa, sin que pueda aseverarse que los fautores de la pena capital tienen un corazón más duro y un alma menos noble y generosa que los abolicionistas. ¿Cómo acusar de crueles a Platón y Cicerón, de los cuales, aquél en teoría, y este en la práctica, reconocieron la triste necesidad del patíbulo? Lo mismo cabe decir de Montesquieu, Rousseau y Filangieri. Además, ¿no apercibimos en los inicios de la pugna abolicionista, que afrontaron las teorías de Beccaria, dos intelectos luminosísimos, dos verdaderos amigos de la humanidad, Romagnosi y Pellegrino Rossi? Gladstone, el inmortal filántropo, ¿no denegó el indulto a los condonados por el crimen de Phaenix Park? Nada valen, por tanto, esos alegatos de crueldad o insensibilidad. Fácil nos sería volver el argumento contra nuestros detractores; empero, habremos de limitarnos a sostener, que si en algún caso precisara ser inhumano, lo seríamos con los seres diferentes de nosotros y por completo incorregibles, y que entre el sufrir del asesinado y el del asesino, conmuévenos más aquél, tanto, que apenas si nos apiadamos de este.

---

23 Copiado de TURRIELLO, *obr. cit.*, p. 32.

24 Italia, con rara unanimidad, considera el homicidio como un alegre pecadillo. ALFIERI. *Sátira* V.

No cabe dudar que hoy inquiéranse, más sesudamente que en los días remotos, las causas del delito y las condiciones anormales que capacitan a ciertos individuos para cometer los crímenes más horrendos. Empero, la sociedad no puede llevar a la práctica la sublime frase de un célebre escritor: *Conocerlo todo y perdonarlo todo,* porque, según ha escrito Bentham, «¿qué otra cosa podría la perversidad humana desear más que una ley que garantizase la clemencia para todos los delitos?» La sociedad debe patrocinar, con los medios más enérgicos que estén a su alcance, los intereses y las personas de las gentes honradas contra las asechanzas y los atropellos de los malvados. Si conoce las causas de los impulsos criminosos; si comprende la esencia de esa morbosidad que denominamos delito, no deberá repugnar ninguno de los medios represivos más eficaces; únicamente debe procurar no verificarlo con ira ni saña, conforme lo recomienda Séneca:

At corrigi nequeunt, nihilique in illis lene aut spci bonae capax est? TOLLANTUR E COETU MORTALIUM *facturi peiora quae contingunt,* ET QUO UNO MODO POSSUNT, DESINANT ESSE MALI; *sed hoc* SINE ODIO... *¿Num quis membra sua tunc odit cum abscidit? Non est illa ira, sed misera curatio. Rabidos effligimus canes, et trucem atque immansuetum bovem occidimus, et morbidis pecoribus ne gregem polluant, ferrum demittimus... Nec ira sed ratio est, a sanís inutilia secernere*[25].

«¿Son, en realidad de verdad, incorregibles? ¿No hay en ellos ningún indicio de honradez que permita concebir esperanzas de regeneración? Pues en ese caso eliminad de entre los vivos a quienes cometen crímenes abominables, inutilizándoles para nuevos daños; hacedlo, según podáis, pero sin encono. ¿Cómo odiar a aquel que recibió de nosotros el inapreciable servicio de ser librado de sí mismo? ¿Por ventura aborrece a sus propios miembros quien se los hace amputar? Esto no es cólera, sino dolorosa curación. Exterminamos a los perros rabiosos, a las fieras indomables; degollamos a las ovejas enfermas para que no apesten el rebaño; matamos a los fetos monstruosos y aun a los niños débiles y deformes. No; no es ira, sino razón y licitud aislar la parte sana de la que puede infestarla».

VI

¿Implica abolir la pena de muerte la supresión casi total de los medios de eliminación? —El Estado debe coadyuvar a la selección.

Además del conflicto suscitado por la abolición de la última pena en orden a la sustitución de una medida de eliminación absoluta por otra menos segura y de posible revocación, implica otra gravísima consecuencia, apenas estudiada por los legisladores y casi inadvertida para el público. La escuela jurídica, que al presente domina en Italia, sustenta como uno de sus primeros principios, que la urgencia de conservar la oportuna proporción en la escala penal, forzará a castigar con simple reclusión temporal un número considerable de delitos penados hoy a perpetuidad. Los juristas reputan esto perfectamente

25 Séneca. *De ira.* Lib. I. Cap. XV.

lógico. Abolida la pena de muerte, afirman, debe reemplazársela con la cadena perpetua, que, a su vez, ha de sustituirse *en los delitos a que en la actualidad se aplica,* por la reclusión temporal.

Realmente, conforme se desprende de la lectura del proyecto del nuevo código italiano, el homicidio sin premeditación, penado hoy con trabajos forzados perpetuos, lo será en adelante con veinte o veinticuatro años de reclusión. La misma pena, más o menos aumentada, amenaza al homicida, con ensañamiento, que al parricida o al asesino en cuyo favor se hayan apreciado circunstancias atenuantes.

Dedúcese de aquí que en lo sucesivo los medios de eliminación solo serán aplicados a muy pocos delincuentes, mientras que en la legislación actual segrégase para siempre de la sociedad a un número considerable de criminales, a quienes no se priva de la vida. Lejos de esto, el nuevo código será causa de que todos estos individuos peligrosísimos recobren la libertad al cabo de algunos años, cuando quizá conservan aún su vigor, y pueden casarse para aumentar en su progenie, según acredita la experiencia científica, el contingente de los vagos, locos, epilépticos y criminales.

De esta suerte, el poder social obrará en pugna con la ruta orientada por la ciencia.

Aunque no está demostrado plenamente el influjo de la ley de herencia en las *supremas* manifestaciones del sentimiento y la inteligencia, tampoco cabe negarlo en orden a los instintos criminosos. Los hechos más elocuentes confirman la ley de la herencia psíquica, respecto de la predisposición para el crimen. Asimismo, es indubitable que el delincuente instintivo engendra una prole sin sentido moral, o por lo menos, viciosa, degenerada o neuropática. ¿No debe el poder social impedir la propagación de esa raza anormal?

En la esfera biológica, la selección verifícase espontáneamente, porque los individuos, fuera de su centro, mueren o se esterilizan. Empero, en la sociedad, el individuo anómalo y, sin embargo, apto para vivir, puedo permanecer y reproducirse en aquel ambiente. Cierto que tropezará con algunos obstáculos naturales que tiendan a su selección; los violentos, y aun los simplemente pendencieros, mueren, en general, a mano airada. Los inquietos, incapaces de ocuparse en una labor tranquila, emigran a países organizados recientemente, donde, en muchos casos, logran ser colonos útiles. La intemperancia perjudica a la salud; así, las mujeres disolutas paren pocos hijos, y son muy raros los hombres calaveras que contraen matrimonio, mas, tanto los unos como las otras, son esclavos de muchas enfermedades.

Más aún, el mismo Darwin ha escrito: «El poder social debe intervenir forzosamente. *Ajusticiase* o recluyese durante largo tiempo a los delincuentes para que no puedan transmitir a sus prójimos sus malas cualidades... Al criar a los animales domésticos, la eliminación de los individuos —muy exiguos— evidentemente inferiores, no representa de ningún modo una función de poca importancia para el feliz éxito de la empresa. La eliminación es eficacísima singularmente para con aquellos tipos perniciosos que propenden a resurgir los primitivos caracteres, por ejemplo: el restablecimiento del color negro en las ovejas; y, con relación a la especie humana, algunas de esas disposiciones nocivas que, de tarde en tarde, se reproducen sin motivo aparente en las familias y que acaso pueden suscitar el retroceso a un estado salvaje del cual nos han distanciado muchas generaciones. Parece que el vulgo ha aceptado esta opinión, ya que designa a los hombres mal conformados con el significativo apodo de *carneros negros de la familia*»[26].

¿Qué ocurrirá, por tanto, si el Estado no patrocina la selección, eliminando los individuos físicamente aptos, pero moralmente ineptos para evolucionar en el ambiente en que viven? El citado inmortal naturalista respóndenos, tras de enumerar las múltiples trabas que se oponen a la reproducción de los entes perversos y nocivos, concluyendo con estas palabras: «Si estos obstáculos no impiden a los miembros rebeldes, degenerados o en algún sentido inferiores, multiplicarse en mayor proporción que los individuos de las clases más perfectas de la Humanidad, esta retrocederá, según nos enseña frecuentemente la Historia del mundo».

«Conviene no olvidar que el progreso obedece a reglas susceptibles de variación»[27].

El poder social debe, por consiguiente, para librar de tamaño infortunio a la sociedad y no infestarla de viciosos y criminales, colaborar en la obra de la selección natural, eficacísima por sí sola para eliminar a los inútiles, a los incapaces, a los intemperantes, a los disolutos, pero que nada puede contra los individuos moralmente ineptos para la vida social. Darwin incluye entre los factores de la selección natural la acción del Estado, a causa de su concepto naturalista de la sociedad, que, como todo organismo, propende a su propia conservación. Así, pues, en semejantes condiciones, es perfectamente lógica la eliminación de los elementos nocivos por las energías sociales. Ahora bien, siendo el Estado una energía consciente y regulada por la razón, puede ser contrarrestada por una idea errónea, verbigracia, las del derecho incontrovertible de la personalidad humana, y de la posible educación y corrección de todos los delincuentes.

De una parte, el falso liberalismo, con sus caprichosas y arbitrarias restricciones de los derechos sociales, y de otra, las teorías sustentadas por la escuela correccionalista, refutada por la experiencia, han impelido a considerar como pena típica la reclusión temporal. Surge forzosamente de la abolición de la última pena, como ya hemos advertido, que la segregación perpetua no se reserva ya sino a *reducidísimos* criminales, que ahora purgan en el cadalso sus delitos. Entre tanto, la pena temporal reemplaza a la perpetua, para no interrumpir el nexo de la intitulada escala penal. Imposible extirpar, en nuestros días, de la mente de nuestros leguleyos estas ideas arcaicas; empero, a la larga o a la corta, ellas serán causa, quizá por incidencia después de abolir la pena de muerte, de la anulación casi completa, en el sistema represivo, de los medios de eliminación. Entonces habrá de abrirse un vergonzoso paréntesis en la secular obra de selección, iniciada y acometida por una raza, sana y fuerte, contra los instintos brutales.

Comparando la delincuencia inglesa de la Edad Media con la criminalidad contemporánea, es fuerza atribuir en gran parte aquel inconmensurable

---

26 DARWIN, *Origen del hombre.* Cap. V.

27 DARWIN. *Origen del hombre.* Cap. V.

progreso moral a la eliminación de los vagos, lograda merced a las facilidades concedidas a la emigración y a la supresión de los criminales por la deportación y la pena de muerte.

Si, en Europa, no se hubiese ajusticiado anualmente, durante largos siglos, a centenares de delincuentes ¿qué sería hoy la humanidad? Recluidos breves años, y en libertad después, según las prácticas modernas, habrían procreado una raza numerosa de hombres semejantes a ellos. Nuestra sociedad albergaría en su seno una estupenda prole de los ladrones y asesinos de la pasada centuria; esta raza degenerada estorbaría el libre curso del progreso social.

Actualmente, la lenidad y corta duración de las penas ha atajado esa obra redentora. Esto implica un gravísimo mal, de que las generaciones futuras habrán de culparnos con acres y severas censuras.

VII

¿ES DE BUENA FE LA AVERSIÓN DE LOS ITALIANOS HACIA LA PENA DE MUERTE? —FRASES DE STRAUSS Y DE ROUSSEAU

Los abolicionistas fundamentan, según hemos dicho antes, su argumento *Aquiles* en la aversión que casi todo el pueblo italiano profesa hacia la pena de muerte, notando de paso que ha sido imposible restablecer este suplicio en Toscana, donde se halla abolido desde 1859.

Ahora bien; preguntaremos con Turiello: ¿un pueblo donde se asesina a tantos inocentes, puede odiar de buena fe que se ajusticie a los criminales?

Los italianos que, en cierta ocasión, aplaudieron sin reservas las heridas causadas a varios delincuentes recién fugados de la cárcel, habríanse horrorizado indudablemente, si el Gobierno, en vez de ordenar que se matara a los sentenciados a muerte, durante su evasión, les hubiese entregado legalmente al verdugo para que cumpliera con ellos la vindicta de la Justicia. Con suma facilidad se comprenderá el motivo de ambas antitéticas impresiones. El Estado es ajeno en absoluto al simulacro de cacería suscitado por la fuga, y que implica una lucha privada; empero, un cadalso, para penar un disparo de fusil en un bosque, presentaría ante los ojos de la sociedad al reo como una víctima de la ley, de la Justicia que nos defiende a todos, pero que *aparentemente a nadie defiende.* En Italia háyase depreciado, desde largos siglos, la soberanía del Estado que, para nuestros compatriotas, resulta una teoría novísima. He aquí, en el fondo, el verdadero motivo de su aversión hacia la pena capital.

No es un odio, fruto del progreso, a verter sangre, ya que Italia apenas se conmueve por este espectáculo que a diario presencia en sus calles, sino una *brutal intolerancia en orden al poder del Estado, que le resulta, juntamente, nuevo, noble e impersonal*[28].

---

28 TURIELLO. Obr. cit.

No carece de racionalidad este juicio. Mas la impresión popular es fiel reflejo de la descripción trazada por este profundo observador al estudiar los delitos políticos, cuyos autores presentan en cierto modo la nota característica de rebeldía contra el poder del Estado. Tratándose de un verdadero enemigo de la sociedad, ese sentimiento del Vulgo, si existe, hallase latente, pudiendo ser sobrepujado además por la admiración que la energía de la Justicia suscite. Nadie protestó contra los antiguos Gobiernos que castigaban con la pena de muerte los homicidios; de igual suerte nadie se indigna hoy contra el Ministerio italiano, exceptuando el caso de Barsanti, no exento de cierto matiz político. Los fusilamientos de los soldados asesinos, efectuados en 1884, merecieron el unánime beneplácito de la nación.

No cabe, pues, dudar que en los círculos políticos se ha iniciado y fomentado esta aversión hacia la pena capital. En ella adviértese la nota de liberalismo: es una argucia italiana, como hemos notado en el primer capítulo de este estudio, haber transformado el problema de la pena de muerte en un problema político. Quizá débese ello al recuerdo de la dominación extranjera, aún palpitante, singularmente en aquellas regiones como la Lombardía y la Romaña, donde se halla más acentuado el movimiento abolicionista, y tan exaltado, que acaso algún día haga levantar el cadalso para que en él ruede la cabeza de algún patriota fanático. No obstante, antójasenos imposible este caso, teniendo en cuenta las actuales costumbres y el Gobierno que nos rige; nunca tornará el ejecutor de la Justicia a desempeñar su triste cometido con un delincuente puramente político, aun suponiendo que la ley asignase a tales delitos la pena capital.

Por otra parte, ¿cabe pensar que, surgida una guerra, una revolución, o proclamado el estado de sitio, se evitarían muchas víctimas, aboliendo la pena de muerte? A esto responde Holtzendorff: «En Francia, la abolición de la última pena para los delitos políticos, por cuyo decreto merece entusiastas plácemes el Gobierno provisional de 1848, no ha logrado atenuar las negruras de la guerra civil, ni siquiera que el vulgo tratase más suavemente a los vencidos. Bajo los diversos nombres de leyes de seguridad, estado de sitio, cortes marciales, juicios especiales y extraordinarios, deportaciones a climas insanos y fusilamientos, ocúltase un efecto más pernicioso que el provocado por las sentencias de muerte que se hubiesen inspirado en los procedimientos de la antigua legislación francesa»[29].

El movimiento abolicionista es, en su consecuencia, exclusivamente doctrinario. Aliéntalo en parte la Prensa, que pregona en sus hojas diarias la incompatibilidad de la pena de muerte con la civilización: en este punto, no cabe documentarse en la autoridad de los escritores italianos. Por desgracia nuestra, Italia no marcha en la vanguardia de la civilización moderna. ¿Por qué no ha de ser ilusión nuestra reputar efecto del progreso lo que en Italia se practica y cuyo ejemplo no cunde en ninguna de las otras populosas naciones? Quienes no han traspuesto los Alpes o no han leído un libro o un periódico en otro idioma que el propio, imagínanse que nuestra patria disfruta al presente aquella primacía moral e intelectual, cuyo cetro empuñaba en remotas edades. ¡Espejismo análogo al que padece el rústico aldeano que nunca ha perdido de

29 HOLTZENDORFF, *Obr. cit.*

vista, en sus breves excursiones, el campanario de la iglesia de su pueblo, no creyendo ser posible vivir en otra parte!

Perdónenme mis compatriotas; pero se equivocan de medio a medio, proclamando como *una gloria italiana* la abolición de la pena de muerte. Nada impide para que, en vez de esto, sea un signo de nuestra ligereza a los ojos de quien, verificando la crítica comparativa de las estadísticas de la criminalidad en los diversos Estados de Europa, observe las cifras extraordinariamente más elevadas de la delincuencia en Italia; notando a la vez que esta es menor precisamente allí donde los jueces prosiguen aplicando con relativa frecuencia la pena capital, sin que convoquen *meetings* ni atruenen el espacio con sus jeremíacas lamentaciones los rotativos.

Además, ¿qué ocasión más adecuada para pronunciar un grandilocuente discurso que la de vociferar contra esta *nueva irrupción de la barbarie*, tema que no siempre causa en el pueblo el efecto ansiado? Esto evidencia que la opinión pública, en las naciones más cultas, permanece impasible ante la ejecución de un criminal, y que la sociedad presencia sin inmutarse la amputación de un miembro inútil y corrompido.

Hora es ya de que la Prensa italiana ponga sordina a sus trenos y enmudezca en sus elegiacos lagrimeos, dedicados a protestar del suplicio en el extranjero de algún conciudadano nuestro, convicto y confeso de asesinato; tiempo es ya de que consagre sus energías a lamentar, por el contrario, el hecho delictivo y criminal que dio motivo a tal ejecución, sin nunca pretender que la persona del delincuente sea, como entre nosotros, sagrada é inviolable más allá de los Alpes.

No faltarán quienes critiquen de harto atrevidas estas palabras de Strauss: «La abolición absoluta de la pena de muerte es un atentado contra la sociedad, y en una época, cual la nuestra, una aberración»[30]. Mas, en nuestro sentir, es cierto, con meridiana evidencia, que la conciencia de un pueblo verdaderamente civilizado no debe transigir de ningún modo con el asesino. «La tolerancia —ha escrito Rousseau— no debe proponerse otro fin que la paz del género humano... ¡El verdadero tolerante repugna el crimen!»[31]

VIII

La unificación de la legislación penal italiana. — Reflexiones. — Modo práctico de solucionar la cuestión

Para concluir: importa tener muy presente que, en una nación como Italia, cuyo tipo medio de sentencias de pena capital suma la enorme cifra de ochenta por año, albergase en los presidios y en las cárceles una población de bandidos, tan crecida como peligrosa.

---

30 Strauss. *La fe antigua y la fe moderna.*

31 Rousseau. *Desde la Montaña.*

Según las últimas estadísticas carcelarias, en 1883 los criminales condenados a trabajos forzados ascendían a 5.045, y a 322 los reclusos en los establecimientos penales. Prestamos, por tanto, hospitalidad a 5.367 individuos reputados por el Jurado merecedores de la última pena; nosotros facilitamos una vida tranquila y segura a esos seres que jamás deberán tornar a la sociedad. El país abona por su manutención más de millón y medio de liras por año, a cuya suma contribuyen con su cuota proporcional las propias familias de los asesinados. En el sistema celular, será preciso construir 5.000 celdas para depositar esos *detritus* de la sociedad.

No faltarán quienes arguyan que estos reparos económicos nada valen, tratándose de vidas humanas. Además, nuestro nuevo código suprime en absoluto la pena de muerte, ya que es imposible restablecerla en Toscana. De suerte que cabe aseverar que, de no abolir la última pena, Italia nunca logrará una legislación penal uniforme.

No discutiremos el significado de esa frase: «urgencia de unificar en Italia el código penal», ya que observamos que el Gobierno federal de los Estados Unidos del Norte de América y de Suiza toleran que cada cantón y cada Estado se rijan por leyes penales especiales, y que la inmensa variedad de costumbres y cultura entre algunas regiones de Italia aconseja la práctica de remedios legislativos congruentes a las múltiples necesidades. Lejos de nosotros, por ende, negar que pretender imponer en Toscana una ley aplicando de nuevo la pena de muerte, pugna violentamente con el sentimiento público de la citada región.

Empero, en todo problema social, cabe elegir medios conciliatorios, soluciones intermedias. Aquí se nos ocurre uno, aconsejado por la prudencia política.

Copiemos, en este punto, el código penal español que, en materia criminal, establece que la prisión sustituya facultativamente a la pena de muerte. Autorícese al juez para que sentencie la prisión en los casos ordinarios y no tratándose de reincidentes por otros delitos graves, ni de cuadrillas de malhechores o miembros de *La Camorra.*

Por el contrario, para estos últimos y en los crímenes perpetrados en circunstancias que agiten la opinión pública, suscitando acaso imitadores, el juez deberá proceder enérgicamente, no vacilando, si lo estima necesario, en imponer la pena de muerte.

Es indudable que, facultados de esta suerte, los jueces toscanos tendrán el suficiente tacto para no sentenciar, sin grave precisión y en tiempos normales, una pena que allí se odia profundamente. Nada impide, además, suponer que su ejemplo habría de cundir presto entre todos los jueces de Italia. De una parte, ningún delincuente abrigaría *la completa seguridad* de no subir al patíbulo aun habiendo cometido el crimen más abominable; y de otra parte, donde se impone que el verdugo ejerza sus siniestras funciones, la justicia, desarmada o impotente, no temería el desarrollo de esas plagas criminales, de esos delitos contagiosos que, según nos enseña la experiencia, solo pueden corregirse con el tristísimo recurso de la pona de muerte.

Apéndices

I

De la intimidación

Fragmentos del discurso pronunciado por el diputado Conforti, en la sesión celebrada por el Congreso de Italia en 10 de marzo de 1865

Podría citaros, señores, un hecho digno de vuestra atención. Ninguno ignoráis que, durante el reinado de Fernando II, levantóse muy contadas veces el patíbulo. Murmurábase, por aquel entonces, que el señor Cannavina, hermano del diputado que con nosotros se sienta en estos escaños, guardaba en su casa un cofrecillo con 60.000 liras. Cuatro o cinco malhechores acordaron asesinarle y robarle. A tal fin acomodaron entre la servidumbre de su víctima a uno de sus cómplices para que, en la noche convenida, pudiera facilitarles la entrada en la casa.

Empero, acaeció que, días antes de la fecha en que debía llevarse a efecto el tenebroso plan, el Gobierno hubo de negar el indulto solicitado por dos bandidos, reos de graves crímenes, y que fueron ajusticiados. Estas ejecuciones espantaron de tal suerte a los malvados, que resolvieron robar, pero no asesinar (*Sensación en la Cámara*).

Más aún: uno de los cómplices, tal vez acosado por los remordimientos, descubrió a Cannavina la trama. Obligóse a realizar otro tanto al individuo intruso entre los fieles servidores del diputado, que denunció el caso a la policía, varios de cuyos agentes, apostados en debida forma, cayeron sobre los ladrones, apresándoles a todos. Interrogados estos, confesaron su delito, declarando sin discrepar cuanto os acabo de exponer.

Frases entresacadas del discurso pronunciado por el diputado Chiaves, en la sesión celebrada por el Congreso de Italia en 8 de mayo de 1885

¡Cuántas veces, señores diputados, en el secreto de mi gabinete de estudio o en el silencio de la celda del preso, he oído a este exclamar: He agredido, he herido porque se me ofendió gravemente. Créame usted, señor abogado, que *si no temiera al verdugo,* habría matado a mi ofensor!

II

LA PENA DE MUERTE Y LA ANTROPOLOGÍA CRIMINAL

ACTA DE LA SESIÓN CELEBRADA, EN 20 DE NOVIEMBRE DE 1885, POR EL CONGRESO INTERNACIONAL DE ANTROPOLOGÍA, REUNIDO EN ROMA

El señor *Lacassagne* concede la palabra al señor *Venturi* para discutir la orden del día.

El señor *Venturi* comienza considerando deber suyo subsanar un olvido de los oradores que se han ocupado de las modificaciones introducidas en el nuevo código penal italiano, y para ello anuncia que tratará de uno de los problemas más interesantes de la legislación, que el Congreso hubiera debido catalogar en lugar preeminente entre las cuestiones a discutir por la Asamblea. Tal es, en concepto del orador, la pena de muerte.

La escuela de antropología criminal hallase obligada a emitir su juicio acerca de este extremo, porque proponiéndose excitar la atención de los legisladores sobre sus novísimas conclusiones, impórtala muy mucho dictaminar acerca de los grandes problemas que interesan al presente a todas las inteligencias, a todos los corazones. Estos problemas condensan en sí todas las controversias secundarias: sus varias soluciones orientan los diversos métodos y el criterio científico de cada época.

Cabe estudiar la pena de muerte jurídica y biológicamente, sin tocar siquiera de soslayo el lado práctico de la cuestión, Este último punto compete al legislador que lo soluciona en cada caso, ajustándose a los sentimientos y costumbres del país en que vive.

A continuación, el señor *Venturi* plantea la cuestión jurídica en los términos siguientes:

La sociedad tiene el deber y el derecho, en orden al criminal, de defenderse contra el enemigo que intenta perjudicarla. Es fuerza que, a tal derecho y a tal deber, corresponda la doble facultad de eliminar de su seno a ese individuo, colocándole en condiciones que anulen su nocivo influjo; y en segundo término, la de ejercitar todos los medios aptos para lograr, si es posible, la regeneración de ese sujeto y su retorno al ambiente social. El objeto de la pena es, por tanto, a la vez defensivo y educador.

No debe apreciarse la duración del castigo solo por la entidad objetiva del delito, sino también por las necesidades de la defensa social y por la disposición del reo para enmendarse.

Sabemos perfectamente que ciertos criminales son en absoluto irredentos a causa de sus tendencias congénitas al delito: de aquí dedúcese imperiosamente la licitud del derecho social a expulsarles para siempre de su seno. Esto justifica también *a posteriori* la reclusión perpetua, sin para nada tener en cuenta la gravedad objetiva del delito cometido. Igualmente evidénciase *a priori* cuando lo es de hecho y según la norma de las conclusiones científicas más ciertas.

El derecho de defensa de la sociedad autorízala a emplear contra ese individuo cuantos medios repute convenientes para librarse de él; puede, pues, lanzarle para siempre de su seno. Afirmado este principio, surge la complicadísima cuestión de precisar en cada caso, si la sociedad puede defenderse de esta o de la otra manera contra este o aquel individuo, ya que ni el médico ni la experiencia son infalibles; mas, en tesis general, puede aseverarse que, establecida en buena conciencia y con sujeción a los límites de la justicia más estricta la urgencia de la eliminación perpetua del ser nocivo, la muerte de este es la única y más eficaz garantía de la seguridad social.

Por respeto a los sentimientos populares, cabría acometer la sustitución de la última pena por cualquiera otro medio de eliminación que pudiera responder de que no se alteraría el orden social, alejando del trato de sus compatriotas al criminal, bien por la prisión perpetua o por el confinamiento y la deportación a las colonias, etc.

Empero, importa notar que, en orden a la seguridad social, esos medios no son ya tan eficaces como la pena capital, repugnando imponer a la sociedad, ultrajada y amenazada por un malvado, la obligación de costear los gastos que ocasione la vida de su enemigo, siendo así que el dinero que distraiga esta empresa, será mejor empleado en instituciones de interés general o socorriendo a personas dignas de protección.

Aunque, conforme hemos observado precedentemente, la pena implica un doble objeto, defensivo para la sociedad y educador para el reo, la escuela de antropología criminal no debe olvidar el enorme influjo de la pena con relación a los restantes miembros sociales que reputan como un castigo la afrenta y el dolor causados por ella. Hasta negando el libre arbitrio, precisa admitir la eficacia del ejemplo en la educación de los individuos. El dolor del prójimo orienta extraordinariamente los actos voluntarios. Este motivo debe figurar entre los factores inconscientes de nuestros actos, influyendo, en proporción adecuada al grado de potencia mental del individuo, y según su sensibilidad en orden al centro moral donde vive.

Imposible desconocer, la influencia del ejemplo y de las nociones previamente adquiridas acerca de la causa determinante de nuestros actos: ello equivaldría a negar *a priori* las enseñanzas de la experiencia diaria, así con relación a los niños y adultos, como respecto de los mismos locos. ¡Lejos de nuestro ánimo pretender la aplicación de la pena de muerte solo por la utilidad que pudiera derivarse de su ejemplo! ¡No! Pero antójasenos que esa pena, además de solucionar otras exigencias de índole superior, merece prelación sobre la cadena perpetua, *también* porque, en ciertos casos y con determinados individuos, el temor a morir puede refrenar sus abominables impulsos. El medio ambiente que a veces engendra la delincuencia, debe poder, siquiera en algunas ocasiones, desviar del crimen al delincuente mediante un saludable terror.

Algunos piensan que la pena capital puede causar, en ciertos casos, un efecto contrario, estimulando al crimen. Esto demuestra suficientemente la eficacia del ejemplo; empero no cabe aseverar esa conclusión anormal más que en circunstancias verdaderamente excepcionales y en individuos de muy extraña conformación patológica.

Tras de estas reflexiones, el señor *Venturi* aborda el problema en su aspecto biológico.

El delincuente por vicio de su constitución psíquica, es casi siempre un producto de degeneración, o más propiamente, un peligroso indicio de desviación del tipo humano.

En ambos casos, la naturaleza, patrocinando los intereses de la especie, intenta eliminarle con la mayor rapidez posible o impide que se perpetúe. Hablamos del criminal nato o instintivo. La sociedad, pues, condenándole a muerte, colabora en pro de la obra de la naturaleza, a fin de realizar el objeto de esta. Las exigencias de la vida civil y el influjo del medio ambiente han modificado las condiciones naturales de la lucha por la existencia entre los miembros de la sociedad; los convencionalismos sociales han sustituido a las energías físicas. ¡Grave peligro habrán de correr las gentes honradas no desajenándose de los elementos criminales que les acechan!

Únicamente, con argumentos de oportunidad, háyase impugnado hasta nuestros días la pena de muerte. Ocupándonos ahora de ella en nombre de las conquistas de la ciencia, comenzaremos por negar que, científicamente aplicada, represente un paso atrás, un retroceso en la senda de la civilización. Diversas opiniones, cada una de las cuales se abroga el feudo de la verdad, contienden en la causa del progreso. Todos los grandes principios sociales y políticos han avanzado y retrocedido alternativamente, empero los problemas que se cimentaban sobre ellos, discutíanse cada vez bajo una faz distinta. La pena capital, estudiada según el criterio que nosotros lo hemos verificado, sirve para demostrar los inmensos beneficios que la civilización puede lucrar de las afirmaciones de la antropología criminal (*rumores de aprobación*).

M. Loy interviene para recordar que, en la sesión del 18, votó en pro de que la legislación, en su progresivo desarrollo, tuviera en cuenta las conclusiones de la antropología criminal. ¿Qué conclusiones son estas? Las enumeradas prolija y elocuentemente por otros oradores, y entre las que figura, en primer término, la pena de muerte como medio de selección social.

Por esta razón y por no haberse ocupado hasta aquí de este magno asunto la Asamblea, el orador presenta a la aprobación de sus compañeros la siguiente proposición:

«El Congreso,

Considerando que la evolución procede por medio de la selección, y que la pena de muerte representa justamente la eliminación del cuerpo social, de los criminales vulgares, no susceptibles de adaptación a la vida de la sociedad,

Declara que esta pena se conforma en absoluto con los principios de las ciencias naturales y antropológicas.»

Señores:

El señor Garofalo. —La anterior proposición es simplemente una consecuencia lógica de las teorías naturalistas aplicadas a la ciencia penal. Parécenos esta razón más que suficiente para que nadie en esta Asamblea la impugnase. La suscribimos, pues, de todo corazón, ya que con la pluma venimos defendiéndola constantemente. Empero, permitidme que os haga notar los términos abstractos en que se halla formulada. Parece que pretende solo reconocer que la pena de muerte no es incompatible con las novísimas teorías penales, sin para nada considerar la urgencia y eficacia de ese suplicio en un momento cualquiera de la historia de un pueblo. Los ilustres congresistas que la firman no aluden a la legislación de ningún Estado, situándose en una posición exclusivamente científica. No; no comprendemos cómo los entusiastas de los principios sustentados por la nueva escuela, han de oponerse al espíritu y a la letra de esa proposición sin contradecirse a sí mismos. Sería estupendamente raro que una doctrina que reconoce la necesidad de eliminar una clase de criminales, inadaptables para la convivencia social, rechazara en última deducción el medio supremo eliminativo. Más nos valdría renegar de nuestras opiniones acerca de la clasificación antropológica de los criminales, retrovolviendo a la teoría de la enmienda, enseñada por la escuela correccionalista. Nos explicamos que combatan la pena capital quienes consideran al delincuente como un hombre susceptible de remordimientos y capaz de arrepentirse. Mas no podemos concebir que lo verifiquen los defensores de la teoría del criminal nato o instintivo.

Seamos, pues, lógicos y no prestemos oídos a minucias cuando se trata de la integridad de los principios sobre que se basa la razón suficiente de nuestra doctrina.

El señor Morello pregunta por qué ha de divorciarse la cuestión científica de la cuestión política o legislativa. Huelga esta distinción. Cierto que el voto del Congreso es puramente científico. Á nuestros legisladores compete su aplicación práctica. El Congreso se declara partidario absoluto e incondicional de la pena de muerte.

M. Benedikt habla en italiano:

Niega que la pena capital guarde ningún nexo con la idea de la evolución, recordando a este propósito algunos párrafos de un discurso pronunciado hace varios años por el orador y que ha repartido entre los congresistas.

La verdad de estas conclusiones surge al punto, inquiriendo, por ejemplo, cuál habría sido la suerte de Rafael, si hubiera nacido, verbigracia, entre los Tuaregs, sin el Perugino, su maestro, o en una sociedad de cultura menos artística y refinada que la de los florentinos y romanos del siglo XVI. Algunos replicarán que habría sido un genio impotente para desarrollar sus aptitudes, empero esta respuesta es inexacta: no cabe pensar que entre los Tuaregs pueda nacer un Rafael. La naturaleza exige en sus elaboraciones un largo y lento proceso; los pueblos primitivos o rezagados en la vía del progreso no pueden engendrar semejantes cerebros. El pintor admirable de las *loggie* y de las *stanza* apenas excede, y esto solo por idiosincrasia individual, a sus contemporáneos; desvíanse, por el contrario, enormemente un italiano típico del Renacimiento y un Tuareg genuino. Shakespeare, el psicólogo más excelso del arte, ha explotado en sus creaciones: *Otelo, El Mercader de Venecia, Romeo y Julieta,* estas divergencias de las razas, profetizando una verdad fundamentada hoy en un principio científico.

Aplicando estas ideas a la ciencia criminal, notaremos que, aun en el delito, el influjo individual es harto limitado. Dedúcese de aquí el absurdo de atribuir a un individuo la responsabilidad moral de sus actos.

Abordando la cuestión de la pena de muerte, importa reconocer su eficacia, en orden a algún caso determinado, pero que, de ningún modo, puede ser el justo y exacto equivalente de una falta.

«Esta es una observación de la filosofía del derecho».

M. Moleschott pregunta al Congreso si en vista de la orientación del debate no considera más oportuno discutir las cuestiones que figuran en la *Orden del día.*

M. Venezian, abundando en esta idea, plantea una cuestión previa: En el cuestionario del Congreso no figura la pena de muerte, es, por tanto, antirreglamentario debatir acerca de este asunto.

M. Loy: La proposición que hemos presentado no implica una cuestión nueva, es únicamente una consecuencia del voto emitido por el Congreso en su sesión del día 18, con motivo del informe del señor Moleschott. Ya que el Congreso ha votado en pro de la codificación de las doctrinas de la nueva escuela penal, importa a todos conocer estas en su justa amplitud. Ello no equivale, pues, a plantear una cuestión nueva, sino a explicar un voto ya sancionado por la Asamblea.

Por otra parte, consideramos útil, sí que también necesaria, semejante explicación. Hoy que la escuela clásica ha estampado su punto final en los debates sobre la pena de muerte, la escuela positiva debe iniciarlos de nuevo para inquirir si, al fin y al cabo, el anatema idealista lanzado contra la muerte en nombre de la vida, es justo, o si, por el contrario, la ley natural de esta encuentra su antítesis en la ley también perfectamente natural de la muerte.

M. Lacassagne apunta la inconveniencia de tratar este problema, hallándose ausentes bastantes congresistas.

M. Fioretti insiste en estas manifestaciones, empero notando que nada impide al Congreso, facultado más ampliamente que el Comité redactor del cuestionario, para acordar la discusión del tema en otra sesión.

M. Veneziani presenta la siguiente proposición:

«El Congreso acuerda la improcedencia de discutir la cuestión de la pena de muerte, por no hallarse inclusa en el cuestionario, índice de sus deliberaciones.»

Esta proposición suscita un animado debate, en el que intervienen los Sres. Garofalo, Moleschott, Loy, Morello y Venturi. A ruegos del Sr. Fioretti, la Asamblea acuerda votarla nominalmente.

Votaron en sentido afirmativo:

Los Sres. Pugliesi, Alimena, Adriani, Venezian, Pazetti, Olivieri, Giampietro, Laccaselli, Porta, Angelucci, Schiavetti, Cividalli, Amati, Laschi, Falaschi, Mazza, Moleschott, Sergi, Soffiantini, Presone, Rava, De Bella, Buonomo, Motet.

Votaron negativamente:

Los Sres. Prava, Masso, Lioy, Garofalo, Ferri, Lombroso, Benedikt, Lacassagne, Fioretti, Venturi, Albrecht, Ferro, Morello, Cavagnani, Ronsibi, Severi, Tenchini, Berenini, Mayor.

Abstuviéronse de votar:

Los Sres. Anguilli, Aguglia, Othon.

Aprobóse, en su consecuencia, la proposición del Sr. Venezian (*Fuertes rumores*).

III

La abolición de la pena de muerte en Toscana

Citase frecuentemente la apacible Toscana como un ejemplo de la ineficacia de la pena capital, abolida para aquella comarca en 1786, restaurada en 1790 para los delitos políticos, y en 1795 para los delitos comunes; suprimida de nuevo en 1847, restablecida otra vez en 1852 y derogada, por fin, en 1859.

Indudablemente, la sociedad no se ha derrumbado sobre sus cimientos por semejante abolición; empero, después de decretarse ella han sido asesinadas muchas personas, cuya vida se habría respetado quizá por temor a subir al cadalso.

Carecemos de una estadística completa; pero los datos siguientes demuestran harto claro este aserto: El diputado Vacca observaba, en la sesión celebrada por el Congreso en 8 de marzo de 1865, que el número de los condenados en Toscana por *homicidio premeditado,* desde 1854 a 1859, esto es, durante el período en que se hallaba vigente la pena capital, ascendió a catorce, llegando hasta veintiuno en el quinquenio posterior a su abolición (1859 a 1864).

Los acusados de homicidio premeditado, solamente en Florencia fueron quince, desde 1854 a 1859, y veintitrés en el lapso de 1859 a 1864. En tesis general, las acusaciones capitales de veinte aumentaron a treinta y ocho.

Comparemos estos datos con los que arroja la estadística del quinquenio de 1881 a 1885.

HOMICIDIOS PREMEDITADOS SEGÚN LAS SENTENCIAS DEL MINISTERIO FISCAL

	AÑOS					
	1881	**1882**	**1883**	**1884**	**1885**	**TOTAL**
Florencia	5	8	5	11	6	35
Luca	5	5	3	10	6	29
Total de Toscana.	10	18	8	21	12	64
Condenados por la Audiencia de Florencia por asesinatos, robos con homicidio, parricidio, infanticidio, uxoricidio	8	7	4	6	9	34
Condenados por la Audiencia de Luca por los mismos delitos	7	9	4	4	12	36

Resumiendo: el total de los condenados por delitos capitales, durante el quinquenio de 1881 a 1885, ascendió, en Toscana, a 70, no siendo, desde 1854 a 1859, *en que se imponía la pena de muerte,* más que de 14; en el lapso siguiente a la abolición elevóse a 21. Respecto a las sentencias por *homicidio premeditado* aumentaron solo en Florencia en esta proporción: 15, de 1854 a 1859; 23, de 1859 a 1864; 35, de 1881 a 1885.

Estas cifras son demasiado elocuentes para permitirnos ningún comentario.

IV

LA DELINCUENCIA EN ITALIA Y EN LAS RESTANTES NACIONES DE EUROPA

Hemos leído recientemente el opúsculo intitulado *Una cuestión de actualidad,* que el ilustre *Nobili Vitelleschi* ha escrito en defensa de la pena de muerte, y en donde se abunda en las mismas ideas que hemos expuesto en los inicios del presente estudio, criticando la importancia que los abolicionistas conceden a la diminución que, de algún tiempo acá, se nota en la criminalidad de Italia.

Quizá acaezca, escribe el insigne autor, que calmada la tormenta sorda, pero no por eso menos temible, que ha revolucionado a Italia, hayan disminuido los delitos violentos que aumentaron durante aquel estado anómalo. El mal, abandonado a sí mismo, *tiene sus límites naturales,* que se restringen o amplían, según que las circunstancias le sean favorables o adversas. Empero, no ha de efectuarse bajos tales bases la comparación, si comparar sirviera para algo útil en este problema. *De verificarse, sería con los otros países civilizados y con otros tiempos de la misma Italia.*

Tras de insistir acerca de los impulsos genéricos de los italianos, exclama: «No deshonran a los pueblos y a los hombres sus defectos, sino ignorar cómo atajarlos y remediarlos. Las organizaciones más nobles y enérgicas pueden incurrir en las aberraciones más abominables; por eso mídese su temple según que los corrijan o se esclavicen a ellos».

Finalmente, con relación a la oportunísima iniciativa de Italia, entre las demás naciones de Europa, en este magno problema, concluye: «Mientras que las naciones más civilizadas del mundo afirmen que la *justicia, severa y rígida* es el único antídoto del crimen, un ensayo audaz, en parte solo tolerable en un pueblo que aventajase a los otros en orden y moralidad e identificado con el vivir actual do nuestra patria, no valdrá más que para orientar a la opinión, harto extraviada de los italianos en orden a los delitos de sangre, hacia el gravísimo peligro de un monopolio, autorizado y fomentado por las leyes».

El delito como fenómeno social
de Raffaele Garofalo
se imprimió en la República Argentina
en diciembre de 2019.

www.ingramcontent.com/pod-product-compliance
Lightning Source LLC
LaVergne TN
LVHW082239051026
849532LV00012B/4049